圖書在版編目（CIP）數據

廣州公行時代對外人之裁判權 / 譚春霖著．南洋熱帶醫藥史話 / 黃素封編著．-- 北京 : 文物出版社，2022.7
（海上絲綢之路基本文獻叢書）
ISBN 978-7-5010-7629-1

Ⅰ．①廣… ②南… Ⅱ．①譚… ②黃… Ⅲ．①領事裁判權－中外關係－研究－廣州－民國②醫藥學－史料－東南亞 Ⅳ．①D829.12 ②R-093.3

中國版本圖書館CIP數據核字（2022）第089779號

海上絲綢之路基本文獻叢書

廣州公行時代對外人之裁判權·南洋熱帶醫藥史話

著　　者：譚春霖　黃素封
策　　劃：盛世博閲（北京）文化有限責任公司

封面設計：鞏榮彪
責任編輯：劉永海
責任印製：張　麗

出版發行：文物出版社
社　　址：北京市東城區東直門内北小街2號樓
郵　　編：100007
網　　址：http://www.wenwu.com
經　　銷：新華書店
印　　刷：北京旺都印務有限公司
開　　本：787mm×1092mm　1/16
印　　張：13.375
版　　次：2022年7月第1版
印　　次：2022年7月第1次印刷
書　　號：ISBN 978-7-5010-7629-1
定　　價：98.00圓

總緒

海上絲綢之路，一般意義上是指從秦漢至鴉片戰争前中國與世界進行政治、經濟、文化交流的海上通道，主要分爲經由黄海、東海的海路最終抵達日本列島及朝鮮半島的東海航綫和以徐聞、合浦、廣州、泉州爲起點通往東南亞及印度洋地區的南海航綫。

在中國古代文獻中，最早、最詳細記載『海上絲綢之路』航綫的是東漢班固的《漢書·地理志》，詳細記載了西漢黄門譯長率領應募者入海『齎黄金雜繒而往』之事，書中所出現的地理記載與東南亞地區相關，并與實際的地理狀况基本相符。

東漢後，中國進入魏晉南北朝長達三百多年的分裂割據時期，絲路上的交往也走向低谷。這一時期的絲路交往，以法顯的西行最爲著名。法顯作爲從陸路西行到印度，再由海路回國的第一人，根據親身經歷所寫的《佛國記》（又稱《法顯傳》）一書，詳細介紹了古代中亞和印度、巴基斯坦、斯里蘭卡等地的歷史及風土人情，是瞭解和研究海陸絲綢之路的珍貴歷史資料。

隨着隋唐的統一，中國經濟重心的南移，中國與西方交通以海路爲主，海上絲綢之路進入大發展時期。廣州成爲唐朝最大的海外貿易中心，朝廷設立市舶司，專門管理海外貿易。唐代著名的地理學家賈耽（七三〇～八〇五年）的《皇華四達記》記載了從廣州通往阿拉伯地區的海上交通『廣州通夷道』，詳述了從廣州港出發，經越南、馬來半島、蘇門答臘半島至印度、錫蘭，直至波斯灣沿岸各國的航綫及沿途地區的方位、名稱、島礁、山川、民俗等。譯經大師義净西行求法，將沿途見聞寫成著作《大唐西域求法高僧傳》，詳細記載了海上絲綢之路的發展變化，是我們瞭解絲綢之路不可多得的第一手資料。

宋代的造船技術和航海技術顯著提高，指南針廣泛應用於航海，中國商船的遠航能力大大提升。北宋徐兢的《宣和奉使高麗圖經》詳細記述了船舶製造、海洋地理和往來航綫，是研究宋代海外交通史、中朝友好關係史、中朝經濟文化交流史的重要文獻。南宋趙汝適《諸蕃志》記載，南海有五十三個國家和地區與南宋通商貿易，形成了通往日本、高麗、東南亞、印度、波斯、阿拉伯等地的『海上絲綢之路』。宋代爲了加强商貿往來，於北宋神宗元豐三年（一〇八〇年）頒佈了中國歷史上第一部海洋貿易管理條例《廣州市舶條法》，并稱爲宋代貿易管理的制度範本。

元朝在經濟上採用重商主義政策，鼓勵海外貿易，中國與歐洲的聯繫與交往非常頻繁，其中馬可·波羅、伊本·白圖泰等歐洲旅行家來到中國，留下了大量的旅行記，記録元代海上絲綢之路的盛况。元代的汪大淵兩次出海，撰寫出《島夷志略》一書，記録了二百多個國名和地名，其中不少首次見於中國著録，涉及的地理範圍東至菲律賓群島，西至非洲。這些都反映了元朝時中西經濟文化交流的豐富内容。

明、清政府先後多次實施海禁政策，海上絲綢之路的貿易逐漸衰落。但是從明永樂三年至明宣德八年的二十八年裏，鄭和率船隊七下西洋，先後到達的國家多達三十多個，在進行經貿交流的同時，也極大地促進了中外文化的交流，這些都詳見於《西洋蕃國志》《星槎勝覽》《瀛涯勝覽》等典籍中。

關於海上絲綢之路的文獻記述，除上述官員、學者、求法或傳教高僧以及旅行者的著作外，自《漢書》之後，歷代正史大都列有《地理志》《四夷傳》《西域傳》《外國傳》《蠻夷傳》《屬國傳》等篇章，加上唐宋以來衆多的典制類文獻、地方史志文獻，集中反映了歷代王朝對於周邊部族、政權以及西方世界的認識，都是關於海上絲綢之路的原始史料性文獻。

海上絲綢之路概念的形成，經歷了一個演變的過程。十九世紀七十年代德國地理學家費迪南・馮・李希霍芬（Ferdinad Von Richthofen，一八三三～一九〇五），在其《中國：親身旅行和研究成果》第三卷中首次把輸出中國絲綢的東西陸路稱爲『絲綢之路』。有『歐洲漢學泰斗』之稱的法國漢學家沙畹（Édouard Chavannes，一八六五～一九一八），在其一九〇三年著作的《西突厥史料》中提出『絲路有海陸兩道』，蘊涵了海上絲綢之路最初提法。迄今發現最早正式提出『海上絲綢之路』一詞的是日本考古學家三杉隆敏，他在一九六七年出版《中國瓷器之旅：探索海上的絲綢之路》中首次使用『海上絲綢之路』一詞；一九七九年三杉隆敏又出版了《海上絲綢之路》一書，其立意和出發點局限在東西方之間的陶瓷貿易與交流史。

二十世紀八十年代以來，在海外交通史研究中，『海上絲綢之路』一詞逐漸成爲中外學術界廣泛接受的概念。根據姚楠等人研究，饒宗頤先生是華人中最早提出『海上絲綢之路』的人，他的《海道之絲路與昆侖舶》正式提出『海上絲路』的稱謂。選堂先生評價海上絲綢之路是外交、貿易和文化交流作用的通道。此後，大陸學者馮蔚然在一九七八年編寫的《航運史話》中，使用『海上絲綢之路』一詞，這是迄今學界查到的中國大陸最早使用『海上絲綢之路』的人，更多地限於航海活動領域的考察。一九八〇年北京大學陳炎教授提出『海上絲綢之路』研究，并於一九八一年發表《略論海上絲綢之路》一文。他對海上絲綢之路的理解超越以往，且帶有濃厚的愛國主義思想。陳炎教授之後，從事研究海上絲綢之路的學者越來越多，尤其沿海港口城市向聯合國申請海上絲綢之路非物質文化遺産活動，將海上絲綢之路研究推向新高潮。另外，國家把建設『絲綢之路經濟帶』和『二十一世紀海上絲綢之路』作爲對外發展方針，將這一學術課題提升爲國家願景的高度，使海上絲綢之路形成超越學術進入政經層面的熱潮。

與海上絲綢之路學的萬千氣象相對應，海上絲綢之路文獻的整理工作仍顯滯後，遠遠跟不上突飛猛進的研究進展。二〇一八年厦門大學、中山大學等單位聯合發起『海上絲綢之路文獻集成』專案，尚在醞釀當中。我們不揣淺陋，深入調查，廣泛搜集，將有關海上絲綢之路的原始史料文獻和研究文獻，分爲風俗物産、雜史筆記、海防海事、典章檔案等六個類別，彙編成《海上絲綢之路歷史文化叢書》，於二〇二〇年影印出版。此輯面市以來，深受各大圖書館及相關研究者好評。爲讓更多的讀者親近古籍文獻，我們遴選出前編中的菁華，彙編成《海上絲綢之路基本文獻叢書》，以單行本影印出版，以饗讀者，以期爲讀者展現出一幅幅中外經濟文化交流的精美畫卷，爲海上絲綢之路的研究提供歷史借鑒，爲『二十一世紀海上絲綢之路』倡議構想的實踐做好歷史的詮釋和注脚，從而達到『以史爲鑒』『古爲今用』的目的。

凡例

一、本編注重史料的珍稀性，從《海上絲綢之路歷史文化叢書》中遴選出菁華，擬出版百册單行本。

二、本編所選之文獻，其編纂的年代下限至一九四九年。

三、本編排序無嚴格定式，所選之文獻篇幅以二百餘頁爲宜，以便讀者閱讀使用。

四、本編所選文獻，每種前皆注明版本、著者。

五、本編文獻皆爲影印，原始文本掃描之後經過修復處理，仍存原式，少數文獻由於原始底本欠佳，略有模糊之處，不影響閱讀使用。

六、本編原始底本非一時一地之出版物，原書裝幀、開本多有不同，本書彙編之後，統一爲十六開右翻本。

目録

廣州公行時代對外人之裁判權

廣州公行時代對外人之裁判權

譚春霖 著

民國二十五年燕京大學政治學叢刊本

燕京大學政治學叢刊第二十八號

廣州公行時代對外人之裁判權

譚春霖

廣州公行時代對外人之裁判權

目錄

廣州公行時代對外人之裁判權

一　問題之爭論

外人在華治外法權之確定，始于一八四三年之五口通商章程。（註一）前此情形如何，學者論斷不一。有謂中國夙不欲管束外人，對于外人之法權，早已拋棄，故鴉片戰爭後之條約，其明文規定治外法權者，不過補充已存之事實，并非憑空而來。克頓（G.W. Keeton）在其所著之在華治外法權之發展，即持如是見解，謂凡外人與外人之案件，即使當事人國籍不同，中國亦不求行使其裁判權。（註二）更謂自一八〇四至一八三四此三

註一：第十三欵，見 Maritime Customs, Treaties and Conventions, etc., between China and Foreign States, Vol. I, p. 196.

註二：The Development of Extraterritoriality in China (2 Vols., London, 1928), Vol. I, p. 47; p. 40.

十年中，除吐嚟喇哪啡吖（註三）(Terranovia) 一案外，其他案件，廣州政府只能以外人犯法依外國法律懲治爲滿足，（註四）法國學者艾司卡拉 (Jean Escarra) 在其中國與國際公法一書中，亦謂『治外法權，在某種情度下，久已存在廣州。』（註五）

他方面，持相反見解者頗不乏人。與克利 (F.E. Hinckley) 在其所著之美國在東方領事裁判權，論及中國和土耳其與列强所訂關于領事裁判權之條約曰：

『土耳其所訂之條約與中國所訂之條約，有一根本不同之點，即中國所訂之約，絕無涉及基于風俗習慣之權利。……此類條約實爲在華治外法權之嚆矢。前此之通例，適與條約所規定者相反也。』（註六）

梁敦錞在其所著之在華領事裁判權論，亦謂『當外人初入中國之時，中國法律政治，業

註三：凡從口旁之譯名均是依照清朝檔案之翻譯。

註四：op. cit., Vol. I, pp. 69-70.

註五：La Chine et le droit international (Paris, 1931), p. 39.

註六：American Consular Jurisdiction in the Orient (Washington, D.C., 1906), p. 15.

已粲備，故無從證明中國在中外訂約以前，曾有准許外國法律施行于外人之事』。（註七）

然辦證最力，當推顧維鈞氏，氏於其外人在華之地位，曾援引不少例案，以證條約以前，中國幷未放棄對外人之裁判權。其所得結論曰：

『中國不似土耳其，除在成文條約自行讓與者外，中國絕未讓與一事，自損其主權。故於江甯條約及嗣後陸續與各國締結條約以前，中國無時不要求充分享有其境內之主權及法權，而大率均能實行。』（註八）

又曰：

『當中國與英國初次締約以前，中國當局並未准許外人全部或一部不受當地法律之制裁；不獨不准而已，且如上節所述，當時中國之執政者，明乎本國之權利，尤極力保持其主權法權，不受侵犯，而大率皆克實行其國家主義之政策。』（註九）

註七：在華領事裁判權（民十九，商務），頁四。

註八：The Status of Aliens in China (New York, 1912), p. 60.

註九：ibid., p. 62.

由是觀之，克頓與顧維鈞二派之見解，頗相逕庭，吾人欲明瞭在華治外法權之來源，實有對此時期所發生之案件，重加考覈之必要，良以克頓只根據東印度公司之記載，對中國方面之材料，無能利用，且身爲英人，處處自外人地位着眼，立論時見偏陂；而顧氏之書著于一九一二年，不獨近年出版之清代外交史料，無從參閱，即摩爾斯之東印度公司對華貿易編年史，（註一〇）亦未獲覩，故所論每多臆斷也。

研究條約前之法權問題，必自廣州方面着手，蓋自一七一五年東印度公司決定于廣州設立洋棧以來，英國對華貿易，幾于全集中于粵省；（註一一）而一七五七年之上諭，限華洋通商于廣東一港，更使廣州爲華洋轇轕之唯一所在。當時之華洋貿易，專利于公行之手，故稱公行時代，學者討論治外法權之來源，必以廣州此時期之情形爲依據者，蓋有由也。

註一〇：H. B. Morse, The Chronicles of the East India Company trading to China (5 vols. Oxford, 1926-1929).

註十一：H. B. Morse, International Relations of the Chinese Empire, I, p. 53.

又當時發生之裁判權問題，只限于刑事方面。此時期內，并未發生現今所謂之華洋民事訴訟，因遇民事糾紛，均由兩造逕相磋商了結也。至于外人與外人商務之糾葛，亦從未令中國官廳知之，此蓋按照中國通例，民事糾紛，輒由公會或仲裁斷結，鮮有控于法庭者。(註一二)

二　澳門之條例

為明瞭廣州法權問題之眞相，澳門當時之情形，實有敘述之必要。澳門自明嘉靖間（一五五七）為葡人入居之後，以至清康熙間（一七一五）英人來廣州設洋棧貿易，已有百六十年之歷史，在此長時期內，中國官方雖嘗以夷俗怪離，給予相當之自治權，(註一三)然對澳門之主權及法權，實未嘗一日放棄。萬曆十五年（一五八七）以前，設有華官一員駐在澳門，處理一切華洋轇轕。其後改歸縣屬。直至康熙二十九年（一六九〇），香

註一二：ibid., I, p. 69.

註一三：T'ien-Tsê Chang, Sino-Portuguese Trade, from 1514 to 1644. (Leyden, 1934), p. 96.

山縣尙于澳門開庭審案。乾隆八年（一七四三）移香山縣丞于澳門，專司稽查民蕃一切詞訟，而詳報前山寨海防同知辦理。（註一四）

澳門刑事案件，首引起中國當局特別注意者，决爲乾隆八年（一七四三）之命案。是年十月民人陳輝千被夷人晏些盧用小刀戳傷身死。時澳門夷目稟稱，『番人附居澳境，凡有干犯法紀，俱在澳地處理，百年以來，從不交犯收禁。今晏些盧傷死陳輝千，自應仰遵天朝法度，擬罪抵償，但一經交出收監，違犯本國禁令，闔澳夷目，均干重辦，懇請仍照例按法處治』。當時兩廣總督策楞等，以『澳門一區，夷人寄居垂二百年，中間聚集番男婦女不下三四千人，均係該國夷王分派夷目管束，番人有罪，夷目俱照夷法處治』；且歷查案卷，從無澳夷殺死民人抵償之案可爲依據，爲求『別生事端』，故『俯順夷情』，飭屬會同夷目將兇犯以繩勒斃。並以『化外之人，有犯原與內地不同，若照例解勘成招，夷情實有不願，且兇犯不肯交出，地方官應有處分，誠恐顧惜考成，易起

註十四：參看澳門記略，卷上，官守篇；A. Ljungstedt, An Historical Sketch of the Portuguese Settlements in China (1836), pp. 12 et seq.

姑息養奸之弊』，奏請嗣後澳夷商人，有罪當絞斬者，香山縣于相驗之時，訊明確切，由司覈明詳報督撫，再加覆覈，一面批飭地方官督同夷目將犯人依法辦理，免其交禁。尋經刑部奏准，奉旨依議。(註一五)

此案含有重大意義，不只因其首次引起清廷對澳門刑事案件之注意，且因其使中國當軸明定條例，以為此後案件辦理之依據也。乾隆十九年（一七五四）又有澳門同知張汝霖之議；嗣是澳門刑事案件之辦理，更為確定，即澳夷犯命盜罪應斬絞者，於相驗時，訊供確切，將夷犯就近飭交縣丞，協同夷目於該地嚴密處所，加謹看守，取縣丞鈐記收管備案，免其交禁解勘，情罪允當，即飭地方官眼同夷目依法辦理；其犯充軍流徒罪人犯，止將夷犯解交承審衙門，在澳就近訊供，交夷目分別羈禁收保，聽候律議，詳奉批回，督同夷目發落；如止杖笞人犯，檄行該夷目訊供，呈覆該管衙門覈明罪名，飭令夷目照擬發落。(註一六)

註一五：乾隆八年十月刑部奏，粵海關志，卷二六，夷商一，頁六至八。

註一六：粵海關志，卷二八，夷商三，頁六。

是故乾隆三十八年（一七七三），英人司各脫（Francis Scott）在澳門致斃華人一名，經葡官拘捕審問後，即行開釋，但華官堅執非將該犯交出審訊不可，葡官卒照其議，當經華官覆審處死。（註一七）又道光六年（一八二六）有澳門華人嚴亞照爲葡人黑奴嗎喀呢嘲用刀劃傷斃命，香山縣飭令夷目拘出兇手，訊據供認不諱，即依鬥殺律擬絞，飭交夷目羈管，旋由廣州府會同香山縣等督同夷目提出該犯照例絞決。（註一八）凡此，均依乾隆初年之定例而行者也。

三　廣州之情形

清廷對澳夷之裁判權，所以變通辦理者，蓋以葡人寄居澳門垂二百年，均由其國王遣派頭目管束，自爲聲敎，情形殊異故也。廣州爲中國內地，外人只能少住經商，自不能與澳門同日而語。雖然，彼時之官吏，又豈盡屬頭腦清晰之人？澳門之條例，縈迴于

註一七：Morse, Chronicles, V, p. 183.

註一八：清道光朝外交史料，卷二，頁十九；比較 Morse, Chronicles, IV, pp. 136-7.

彼腦海而影響之者，亦屬常有之事。此吾人討論廣州方面對外人裁判權問題，所當認識者一。

當時外人犯事，幷不是由華方官吏直接拘拿犯人，因『內地官吏與夷人言語不通，是以問辦章程，均係責令該國大班查出正兇，詢問明確，卽將兇夷交出，傳同通事，提省譯訊，錄供究辦』。(註一九) 其實，亦不是直接責令大班交兇，蓋當時外人不能逕與官員交涉，必須行商介于其間，俾當交涉之衝。種種困難由是起，種種曲解亦由是生。此吾人所當認識者二。

大清律：凡化外人犯罪者，幷依律擬斷。(註二〇) 廣州當時之情形究竟如何，玆分華洋混合案件，純粹外人案件，情節較輕案件三部論之於下。

四　華洋混合案件

康熙二十八年(一六八九)，東印度公司船迪芬士號(Defense)停泊黃埔，水夫因上岸

註一九：道光元年十月十四日阮元奏，淸道光朝外交史料，卷一，頁八。

註二〇：大淸律例增修統纂集成，卷五，名例下。

取回該船之桅杆，與華人發生鬪毆，華人死者一名，重傷者一名。事出後，華方拘獲水手數名并船醫一名，船醫旋以傷斃命。船上大班瓦特士（Watts）上岸交涉，願以二千兩爲賠償，了結此案。據說華官堅持五千兩，不應，亦併瓦特士而拘禁之。其後該船揚帆離粵，船夫與大班仍在禁押中云。（註二一）

此爲外人在廣州致斃華人第一案，雖記載語焉不詳，然亦足見當時華方對外人裁判權之行使不稍放棄。攷大清律例：凡同謀共毆人而致死者，以致命傷爲重，下手者絞。又共毆案內下手應擬絞抵人犯，果於未經到官之前，遇有原謀及共毆餘人內毆有致死重傷之人，實因本案畏罪自盡，及到官以後，未結之前，監斃在獄，與解審中途因而病故者，准其抵命，將下手之人減等擬流。（註二二）是則當時華官所以不按律絞抵，准其科金贖罪者，想以船醫亦受傷斃命故耳。

康熙六十一年（一七二二），英船喬治國王號（King George）炮手因射鳥誤傷一華

註二一：Morse, Chronicles, I, pp. 83-4.

註二二：大清律例統纂集成，卷二十六，鬪毆及故殺人條。

童斃命。船上與地方官交涉，償欵二千兩，爲死者父母贍養費，始得了結。(註二三)按大清律，過失殺人者，照鬬殺絞罪，准依律收贖，給付死者之家。是則科欵抵絞，本爲法所准，惟數目不若是多耳。(註二四)

乾隆元年(一七三六)，有法人數名至黃埔射擊，槍傷一華人，翌日因傷斃命。華官即飭令交兇。法人提交一人，由華官禁押。法國頭目，亦被提訊，拘禁二天始釋出。但該犯人如何處置，則無下文。(註二五)

乾隆四十九年十月十二日(一七八四年，十一月二十四日)，英船許士夫人號(Lady Hughes)在黃埔施放禮炮，炮手不愼，誤傷中國船戶三人。翌日，一人因傷殞命。華官即飭令交兇鞫訊，但英方則謂兇手逃匿無踪，無從提交。未幾因傷殞命者又一人。華方因追索交兇不遂，轉而拘禁該輪大班，仍無效果，乃進而斷絕洋檥與黃埔之交通，幷停

註二三：Morse, Chronicles, I, pp. 174-5.

註二四：參看大清律例統纂集成，卷二十六，戲殺誤殺過失殺條。

註二五：Morse, Chronicles, I, p. 254.

止英人之貿易。洋棧爲求釋放該輪大班起見，於十月十八(西曆十一月三十日)將兇手交與華官。(註二六) 時兩廣總督孫士毅奏稱洋船放炮，誤傷斃華人，請發給該國自行懲治。但高宗大不謂然，十一月十一日(西曆十二月二十二日)上諭，『寄諭舒常孫士毅，噲嗹船放炮誤傷斃命，請發還該國自行懲治，所辦甚屬錯謬，著傳旨申飭』。(註二七) 十一月廿八日(一七八五年一月八日)華官遵旨將兇犯絞決。

此爲外人致斃華人第一次受處死刑。前者外人犯殺人罪，每以科欵了結，此次雖係誤殺，亦論抵繩以峻法。自是而後，廣州官憲有可爲法，更求積極行使對外人之裁判權矣。

是故，嘉慶二十五年(一八二〇)英船倫敦號水手辟葛 (Pigott) 駕三板小艇往官洲海面取淡水，槍斃華人張順存，廣州官廳卽飭令英國大班交兇懲辦，並聲言如不遵命，當禁止一切英船開駛。時約克公爵號船 (Duke of York) 適有一屠夫名吧囉哄唎咭(Barrow-

註二六：ibid., II, pp. 99ff.

註二七：法權討論委員會編：列國在華領事裁判權誌要，頁十二。

cliff）者自殺，行商與英國大班計劃，報告官廳，隱示此即殺人之兇犯，同往取水之船夫，亦均供稱『吧囉哄唎啮連放兩鎗，伊等喝阻不及』，華官據此定讞，事乃了結。兩廣總督將經過情形具奏，謂吧囉哄唎啮犯故殺罪，『律擬斬監候，業已畏罪自刎身死，應毋庸議』。（註二八）亦可見此案之處理，與乾隆四十九年定例無不合也。

復次，翌年八月（一八二一年九月）美輪艾密里號（Emily）水手義人吐嗲喇哪啡吋（Francis Terranovia）以瓦罎投擲傍輪小艇內兜賣水果之華婦郭梁氏，落水身死。廣州官廳即飭令交兇，美人不允，遂即停止美國貿易。旋據美商禀請委員赴船，當美人之前開審被告，結果被告宣告有罪，繫于船中，然因其未交付犯人，貿易仍繼續停止。美人苦之，遂將吐嗲喇哪啡吋交出，押解赴省，由廣州府等審訊，判處死刑，押赴刑塲絞決。兩廣總督幷傳諭美國大班『當知天朝法度尊嚴。該夷人既赴內地貿易，自應安靜守法，該大班及船主務須

註二八：嘉慶二十五年十一月初七日阮元奏，清嘉慶朝外交史料，卷六，頁五八；參看 Morse, Chronicles, III, pp 377-382.

時時戒飭船內水艄人等，毋許滋事逞兇。設已釀成事端，該大班卽應查明肇衅生事之人，立時指名交出，聽候地方官查審究辦，切勿袒庇諉延，自取重咎，以仰副天朝恩溥懷柔之至意。』（註二九）

綜觀上述各案，可知中國官方對于外人在華傷斃華人，莫不繩以中國法律，充分行使對外人之裁判權。雖外人每欲袒庇兇犯，不肯交出，中國方面則不惜停止其貿易，有時幷拘禁行商大班，以為要挾。此方法起初行之，頗為有效，而兇犯亦每每就法。

五、純粹外人案件

外人致斃外人，最早發生于粵東者，有乾隆十九年八月二十三日（一七五四年九月廿九日）法國頭目在黃埔鎗殺英船水夫一案。兩廣總督楊應琚據報，卽飭南海縣赴黃埔

註二九：道光元年十月十四日阮元奏，淸道光朝外交史料，卷一，頁七至八；參看 Morse, Chronicles, IV, pp. 12-13, 23-27; Sir George Staunton, Miscellaneous Notices relating to China, p. 409 et seq.

勘驗。時英人亦禀請追兇懲辦，爲死者昭雪。法人則謂：苟死者爲華人，彼等自當立即交兇，由華官依法辦理；但此事件發生于歐人與歐人之間，故當依本國法律辦理。華官嘗一度勸英人以仲裁和解，但英人堅持不允。于是兩廣總督飭令停止法人貿易。旋于七月初一日（西曆十月十六日）將兇手弋獲歸案。

十一月十四日（西曆十二月二十七）上諭：

『楊應琚，鶴年所奏咈囒哂國夷目呫嘀呧鎗傷嘆咭唎國水手嗜啪啵啷身死一案，外洋夷人互相爭競，自戕同類，不必以內地法律繩之，所有呫嘀呧一犯着交該夷船帶回咈囒哂國，并將按律應擬絞抵之處，行知該夷酋，令其自行處治。』

後楊應琚奏稱，當時法國船隻已先後開行回國，故俟翌年法船再來廣州，始遵旨飭令帶回云云。但顯然因懼英人搗亂，故將『恩旨敬謹密存，未敢宣洩』。及翌年法船到齊時，適逢高宗平定準葛爾，頒詔大赦，楊應琚乃引用詔文，將法犯開釋。由于楊氏之措置，關於乾隆十九年上諭將兇手交法船帶回該國自行處治之事，英人無一知者。（註三〇）

註三〇：乾隆二十年九月楊應琚奏，史料旬刊，第十二期，乾隆朝外洋通商案；參看 Morse, Chronicles, V, pp. 14-19.

然而二十六年後（乾隆四十五年，西曆一七八〇年）同類案件發生，廣州官廳却不稍放棄其對外人之裁判權。是年冬，英船索失士號 (Success) 與東印度公司史弢孟 (Stormont) 輪船，同泊廣州，英船水手毆殺史弢孟船葡國水手，兇手避入法國領事館（自稱領事，未經中國承認），廣州官憲索交甚亟，法領慮妨通商，卒將兇手交出；廣州巡撫依法判處死刑，絞決示衆；幷傳諭外人如左：

（一）本部院職責，保境安民；

（二）法人稟稱解回彼國處治，未便俯允，蓋發回彼國，是否依法辦理，無由得知也；

（三）水手恣橫滋事，非按律嚴懲，無以儆效尤。（註三一）

此案之辦理，並不依照乾隆十九年之上諭而行；此亦有其理由，院諭之末兩點已言之矣。然正因兩案辦理之相左，遂使後之官吏，不知何所適從。道光十年（一八三〇）之兇殺案，卽其明例。

該案起於荷蘭船主咲嚦咕 (F. Mackenzie) 爲英國保護民巴斯人 (Parsee) 三名所殺害；

註三一：Morse, Chronicles, II, p. 60.

荷蘭大班卽將噗噻哈屍身棺殮埋葬，並取兇手等各供交英國大班解回本國處治。兩廣總督李鴻賓據報，卽委員會同南海縣詣驗，並援引一八〇七年事例，勒令交兇懲辦。東印度公司委員亦認彼等爲有罪，然以於華人無關之案件，使華官詣驗爲不當。李鴻賓見英人態度强硬，遂示調和之意，援引乾隆八年澳夷殺人，由縣驗訊通報督撫覆核，免其交禁解勘之成案，飭令於洋棧審訊，呈報覆覈，由地方官眼同夷人執行刑罰。然英人已將兇犯解送於印度孟買；李鴻賓於無可如何之中，惟有『援乾隆十九年時嘀呧舊案，將咃咻治【正兇】按律應擬絞抵，嗰囉哈，咥哔哈應擬流杖之處，飭令該大班寄信回國，自行分別處治』。(註三二)

由是觀之，關于外人致斃外人之案件，固無一定之成例，足供辦理之依據。大抵當時中國官吏本視乾隆十九年上諭爲一種特別『恩旨』，(註三三) 未便據爲法則，故其後

註三二：道光十年九月十二日李鴻賓等奏，淸道光朝外交史料，三，頁四十；Morse, Chronicles, IV, pp. 232-240; A. J. Sargent, Anglo-Chinese Commerce and Diplomacy (Oxford, 1907), p. 37.

註三三：乾隆二十年九月楊應琚摺，見前引。

相類之案發生，必先飭令交兇依律懲辦，至兇犯無法追索時，始援引上諭。是則外人致斃外人由其自國處治之辦法，實有不得已情形，未可視為定例也。

至于克頓氏列舉一七七八年，一七八〇年，一八〇六年，一八一四年等案，謂當時華官對于純粹外人案件無過問之意，（註三四）則非健全之論。吾人細查東印度公司編年史，知一七七八年，英水手與荷蘭水手醉酒鬧事，英水手將荷蘭旗杆破下，但隨即由英方賠補新旗杆及新旗了結；（註三五）一七八〇年英水手侵犯丹麥人及法國人，但旋即由東印度公司道歉和解；（註三六）二者均無報聞華方官廳之記載。一八〇六年英船阿爾維卡素號（Alnwick Castle）一水手為船上另一水手殺斃，兇手為船主羈押；東印度公司委員會有以下之記錄：

『吾人以為訴之中國官廳，或請求其干預，實屬萬分不智不當。』（註三七）

註三四：Keeton, Development of Extraterritoriality in China, Vol. I, pp. 37, 39, 50, 55.

註三五：Morse, Chronicles, II, pp. 34-5.

註三六：ibid., II, p. 39.

註三七：ibid., III, p. 40.

一八一四年英船羅德卡素號（Lowther Castle）一水手控告查理士格蘭號（Charles Grant）水手狄斯爾華（de Silva）與謀殺其兄案有關，狄斯爾華遂爲監禁，解回倫敦審訊；又查理士格蘭號有水手數名犯盜竊罪，由東印度公司船長五人審訊，分別判處鞭撻；然此均爲英船內部之事，中國官廳幷未與聞。（註三八）

上述案件，外人均未報告中國官廳，中國當軸既無從知，自然無從干預，然不能視爲不願過問也。反之，一七六〇年有英船水手二人至澳門飲酒至醉，葡人防其滋事，加以拘押，越二日該船有一舢舨艇，亦連水手一併被扣留。船主派人查詢，亦受羈押。至是英人採報復手段，將葡船一艘幷葡人十一名扣留，華官聞訊，飭令葡人將英水手釋放，事始寢息。（註三九）又一七八五年，英水手毆傷法國頭目一人，旋告全愈，法人與東印度公司委員會交涉，兩造和解；但華官對此事件密切注意，飭令兩造各具甘結同意和解，始行撒手。（註四〇）再觀上述外人致斃外人三案，中國官廳一旦據報，莫不立卽委

註三八：ibid., III, p. 203.

註三九：Keeton, op. cit., I, p. 35.

註四〇：Morse, Chronicles, II, pp. 112-3.

員核驗，追索兇手，即援引乾隆十九年上諭，亦必將各兇手所犯之罪名，依律所擬之刑罰，飭令外商轉知本國政府處治，何得謂爲不願過問？

六　情節較輕案件

至於情節較輕案件，中國當軸所採態度若何，亦爲學者爭辨之點，司當東（Sir George Staunton）在其中國彙誌一書，論及中國當軸所採管理境內外人章程之性質，有謂：

『在他方面，爲彌補所加之限制及所缺之資格起見，除死罪外，一若自始至終，已准外人免受大清律例之實施。』（註四一）

彼之爲此論斷，原根據彼之中國刑律所譯一八〇八年（嘉慶十三年）審判英水手辛愛華（Edward Sheen）時所發之上諭，茲轉譯其有關部份如左：

『……以上所云，爲該督奏報之事實，當經詳加審議。查刑律卷首，凡化外人犯罪

註四一：Miscellaneous Notices relating to China (1822), p. 131.

者，應依律擬斷。又該律載明，凡過失殺人者，准以罰金贖罪。再查乾隆八年（一七四三）諭批當時兩廣總督之奏摺，嗣後凡遇民夷謀殺或鬬毆殺人各案，夷人依律應絞斬者，該地知縣於相驗之時，取錄證據，訊明確切，據實呈報督撫，再加覆覈，如下級衙門對於所指事實及所用法律之判決，實屬公允確當，卽飭該地知縣會同該國頭目，將犯人按照判詞處決。至于其他所犯各案，按之法律，係屬情節較輕，因此並無死罪者，該犯人得遣回本國，自行懲處。』（註四二）

顧維鈞氏對上文傍圈之句，胥懷疑司當東是否確切譯自原文，因而不信中國當軸對外人犯較輕之罪，有准其遣回本國懲治之舉。（註四三）查上述乾隆八年之上諭，卽該年十月兩廣總督策楞因澳門葡人殺死華人陳輝千奏請明定條例所奉之諭旨。（註四四）稽之粵海關志，當時策楞所奏，只限于嗣後澳夷殺人處理之辦法，而關于諭批部份，又只得『尋經刑部

註四二：Staunton, Penal Code of China (1810), P. 523.

註四三：參看 Koo, Status of Aliens in China, P. 124 et seq.

註四四：參看本文，頁六至七。

奏准，澳夷殺人罪應斬絞，令該縣同夷目依法辦理，免其交禁，奉旨依議』(註四五)寥寥幾句；既未獲覩全文，對于司當東之譯文是否確切，自無從斷定。然若證之乾隆十九年澳門同知張汝霖所議之管理澳夷章程，規定『如止杖笞人犯，檄行該夷目訊供，呈覆該管衙門，覈明罪名，飭令夷目照擬發落』，(註四六)則當時中國當軸，援引澳門條例，對于輕罪外犯，覈明罪名之後，遣回本國發落，亦屬可能之事。嘉慶二十五年英船倫敦號之案，(註四七)即採用此項辦法，除正兇吧囉嗔唎咕『畏罪自刎身死，應毋庸議外』，『嚼咂等於吧囉嗔唎咕放鎗時，雖係喝阻不及，惟同船後不即向噞喻【船主】告知，殊屬不合，應照不應重律杖八十，係夷人，交該國夷目自行發落。』(註四八)

然此亦非謂中國當軸，對外人犯輕罪者，自願停用當地法律也。蓋雖將犯人交該國頭目

註四五：粵海關志，卷二六，夷商，頁八。

註四六：其詳見前，頁七。

註四七：其詳見前，頁十二。

註四八：嘉慶二十五年，十一月初七日阮元奏，清嘉慶朝外交史料，六，頁五八。

自行發落，然必擬定罪名，使之按擬處治。審判權與判決權均操之華官，只行刑之職務，委之夷目代辦耳。惟類此之事例，除上述者外，不可復見，蓋當時中國官吏每採息事寧人政策，可了結者即了結，所謂『刑期無刑，法外之仁；冀幾刑措之風，以昭好生之德』者也。是故，康熙六十一年（一七二二）英船甘丹爵士號（Lord Camden）某頭目因欠債與華人發生鬪毆，華人受傷一名，該頭目及其他歐人數名亦受傷。華官鞫訊即委員相驗，飭令大班不得將該頭目放行，並截留該船紅牌，至華人傷口全愈，始准出口。（註四九）乾隆三十四年（一七六九），該輪水手又肇事端，毆傷華人一名，華官照例停給紅牌，及證實受傷華人並無危險，始令開行。（註五〇）以上二案，均足見華官對較輕案件，亦一律干預，惟事體平息，即不欲多事刑讞耳。在當軸者原本乎息爭化俗之義，而外人則解為放棄法權矣。

註四九：Morse, Chronicles. V, pp. 174-5.

註五〇：ibid., I, p. 301.

七　華人被告案件

至混合案件華人爲兇犯者，中國當軸莫不力持公道，按法處置，曾不稍爲縱容，故示區別。此類事例甚，多茲舉其較著者，以爲證明：

(1)華人毆斃英人案　乾隆五十年(一七八五)，英船水手與華人鬭毆，英方死水手一名，華官據報，即將兇手數名拘獲，鞫訊明白，將正兇絞決示衆。(註五一)

(2)小販刃斃印人案　嘉慶元年(一七九六)，英船某印度水手至攤肆買蔬菜，與小販發生衝突，小販出小刀刺斃之。廣州官憲即將兇手拘捕，訊明後判處死刑。(註五二)

(3)英艦長官被搶案　嘉慶十八年(一八一三)，英艦鳳尼斯號 (H.M.S. Phoenix) 長官二人至川鼻上岸，爲華人搶劫凌辱，報之華官，即爲伸雪。(註五三)

註五一：ibid., II, p. 109.

註五二：ibid., II, p. 289.

註五三：ibid., III, p. 203.

(4)美船被刦案　嘉慶二十二年(一八一七)，美船華巴士號(Wabash)在香山縣附近之老萬山洋面停泊，被匪徒詐搶，拒殺美人五命，並傷二人。兩廣總督據報，即懸重賞，並飭屬上緊緝拿。乃先後拏獲首犯李奉廣，夥犯陳亞江等十四名，審訊明白，即將李奉廣，陳亞江等五犯斬決示衆，其餘人犯，亦照例問擬，分別充軍。(註五四)

(5)英船主被毆傷案　道光元年(一八二一)，英船溫些時號(Winchelsea)船主因不允爲其下屬支付賬項，爲華人毆擊，頭部被刀劃破。華官據報，即將肇事人犯拘拿，嚴爲懲處。(註五五)

(6)法人乘船被害案　道光八年(一八二八)，法人十四名並福建客民十二名同搭福建廈門綠頭船自安南放洋，駛至老萬山洋面寄椗。福建客民轉僱漁船先到澳門。該綠頭船水手，謀刦法人貨銀，漏夜將法人殺死一十二名，另有二名鳧水逃走，一名被水淹斃

註五四：嘉慶二十二年六月初六日蔣攸銛奏，清嘉慶朝外交史料，六，頁四三；Morse, Chronicles, III, pp. 318-320.

註五五：Morse, Chronicles, III, p. 382.

，一名遇救得生，逃至澳門。兩廣總督李鴻賓據報，卽飭當地官吏馳往查辦，一面通飭沿海各文武截拏，並咨閩省督撫一體飭屬嚴密偵捕。時閩省已陸續將犯人四十九面名拿獲，除一名在監病沒，所有其餘四十八名，連同起獲贓物，分批解交廣東；審明後，將首犯十七名分別處決，其餘亦按律擬罪。（註五六）

八　英人抗拒中國法權

當時中國當局雖力求中外一體，公正不倚，無奈外人因不了解中國文物制度，對中國法律大都存藐視之心，而力求避免其制裁。法人于一七五四年之案，（註五七）嘗一度拒交兇手，美人亦于一八二一年之案，（註五八）庇袒犯人，但皆爲中國之威勢壓服，不

註五六：淸道光朝外交史料，二，頁三六，頁四八；三，頁一至四。

註五七：其詳見前，頁一四。

註五八：其詳見前，頁一三。是役美人曾宣言，謂『在中國海內，應從中國法律，縱失其平，亦不反抗』。(We are bound to submit to your laws while we are in your waters, be they even so unjust. We will not resist them.)—The Chinese Repository, V, p. 227.

堪停止貿易之苦而就範。惟英人挾其東印度公司團體之勢力以爲後盾，其抵拒廣州官府，輕侮中國法權，往往堅持不移。

尤其對于一七八五年許士夫人輪船之案，怨懟之詞，溢于言表。彼輩以砲手僅爲過失殺傷，亦判處死刑，認爲嚴酷不近人道。當時東印度公司選任委員會致書本公司董事會，對中國法律有以下評論：

『遵從中國法律觀念，既與歐人心目中之人道與正義若是相左，而吾人倘自願遵從之，必使人皆謂我放棄一切道德與勇氣以求利；故吾人相信，貴董事會必將批准：嗣後吾人當竭其所能，以避免中國法律之施用，即危及商業，亦所不惜。……』（註五九）

誠如所言，英人自是即勵行永不將任何英犯交付中國官廳之政策，雖華官採取堅決舉動，而英人頑抗之手段，曾不少折。

嘉慶五年（一八〇〇），英國皇家兵船馬杜雷斯號 (H.M.S. Madras) 派遣英國皇家雙

註五九：Morse, Chronicles, II, p. 106.

桅船泊勞維登號 (H.M. Schooner Providence) 自伶仃前往黃埔，雙桅船上之看守員，見有在船頭多時之划船一隻，屢經喝問而未見答，遂以為該船係欲割斷桅船纜索，即開鎗轟擊；傷一華人，其另一華人，則落水無踪。地方官飭令東印度公司選任委員會，將兇手交出，以備鞫訊。馬杜雷斯船長承認鎗傷華人之事，但反控原告盜竊纜索，並聲稱非彼在塲，不能容該船水手在廣州審問云。選任委員會則謂事發于英國官船，公司無權干預。(註六〇) 英人抗不交兇，兩廣總督乃破例准許英船長至按察司衙門觀審。然英船長竟不自諒其傍聽之地位，進而盤詰與彼同來之人證，至是按察司乃庭諭驅逐出庭。兇手則具甘結，于十日內隨傳隨到。

不久，受傷之華人已告全愈，而落水者亦訊明非由英人推拉下水，兩廣總督覺羅吉乃法外施仁，傳諭英商：該英水兵原應由中國法律處罰，本督對英人素存體恤之心，故對茲案，特准免予究辦，倘有再行干犯，即嚴懲不貸。覺羅吉辦理此案，對于英官府與東印度公司事之不同，似有所認識，其所以准許英船長到庭觀審者，職是故歟?(註六一)。

註六〇：粵督撫下行商諭，達衷集，頁一九〇。

註六一：Morse, Chronicles, II, pp. 334-342.

嘉慶十二年（一八〇七），東印度公司輪船奈泊登號 (Neptune) 水手，聚衆毆傷華人數名，其一于三日後斃命。廣州地方官飭令該公司委員會交兇，爲該委員會所拒絕。廣州當軸乃停止英人通商，委員會至是提議在英棧開審，華官始則不允，幾經磋商，卒允許在英棧審訊奈泊登水手五十二人。開審時，雖仍遵吾國公案形式，而竟爲英國兵艦管帶羅勒士 (Capt. R. Rolles) 及選任委員羅拔士 (J.W. Roberts) 等各備座位，並准英艦管帶隨携水兵二人，佩刀站于庭前，至審訖爲止。

審訊後，由十一名水手中，指出辛愛華 (Edward Sheen) 一人，認爲犯罪，惟仍由委員會看管。

至是恢復英人通商，同時兩廣總督，奏請京部，以誤殺罪論，奉旨依議，當照大清律例，由辛氏繳銀十二兩四錢二分，撫恤死者家屬，卽行開釋。(註六二)

嘉慶十四年十二月十二日（一八一〇年正月十六日），華人黃亞勝在洋棧隣近爲英船皇家賈律號 (Royal Charlotte) 水手戳傷身死，廣州官憲據報，卽飭令東印度公司委員會

註六二：ibid., III, pp. 40-49; Staunton, Miscellaneous Notices relating to China, pp. 259-281.

交兇，並截留英國各船紅牌，禁止出口。英人態度强硬，聲稱犯罪者是否爲英國人，並無確証，而逗遛貨船，靡費極大，故卽不發紅牌，亦將自行開駛出口。(註六三) 然兩廣總督伯齡更爲堅持，其咨粵海關文，嚴辭厲色有如左者：

『查外夷毆斃民人，不但定例森嚴，亦且於天朝體制功令均有關係，必應據實具奏懲究。該洋商等輒以該大班一面之詞，朦混搪復。本部堂現在傳到該商等嚴諭，責令向該大班交出兇夷，如敢稍有蒙袒，以致兇夷漏網，在該商等固應一體嚴辦，而本部堂與貴監督亦恐上干聖詰也。……』(註六四)

英人之抗拒不屈，以及洋商之經營運動，終使地方官廳漸趨中和。正月初八日（二月十一號）廣州府與南海縣帶同人證，親至英棧審訊，幷允照辛愛華事例，兇手交審之後，得由英頭目看管，奏請京部再行處治。(註六五) 無如英人得寸進尺，頑拒之性已成，終此

註六三：啞吐咀 (Capt. Austen) 上兩廣總督，達衷集，頁九四。

註六四：嘉慶十五年正月初五日粵海關下洋行商人諭，仝上，頁九七。

註六五：Morse, Chronicles, III, p. 121.

亦不遵命。洋行商人既無法使英人就範，又懼督撫繩之以法，乃設計由英人具稟兩廣總督，請

『邮念十餘萬里重洋遠涉，颪汎不能久遲，懇將夷等祖家各船給發紅牌，准放出口。夷等卽將此案情由，詳細寄信稟知本國王，將各船人等嚴審，如有此等兇夷，卽當照例治罪交出。或俟拿獲陳亞茂等問出兇夷姓名住址，卽將姓名寄稟本國王，亦當照例治罪交出。』（註六六）

此稟于西歷二月廿一日呈遞，紅牌延至三月一日始發給，但英船則先一日由廣州啟椗下駛虎門。（註六七）

外人記載，多謂廣州官憲辦理此案，曾允許英人拏獲兇手，得依英國法律辦理，因而認中國有放棄刑事裁判權之意。（註六八）顧維鈞氏亦嘗于此幾費心血，爲中國辨護，

註六六：喇咈（卽東印度公司選任委員長 J. W. Roberts）上兩廣總督稟，達衷集，九八。

註六七：Morse, Chronicles, III, pp. 125-126.

註六八：P. Auber, China: An Outline of its Governments, Laws, and Policy, p. 237; Morse, International Relations, I, p. 104; Keeton, Development of Extraterritoriality in China, I, p. 53.

廣州公行時代對外人之裁判權

謂在當時特別情形之下，中國有不獲已而採此策略，但不能謂中國對于領土法權之讓步。（註六九）攷東印度公司編年史，當時洋商雖云總督已首肯，將來犯人拏獲，由英政府依英律辦理；惟至洋商袖出代擬之稟稿，翻譯之下，

『語氣却不相同……更有一句，謂將來拏獲兇手，應交付華官云云，英大班當即聲明此爲不可能而加以删除。除此之外，擬稿當經接受簽押。』（註七〇）

當時究竟如何删改，不得而知，然就上段所引自達衷集之中文原稟，則明明謂將來拏獲兇犯，『當照例治罪交出』，所謂『交出』，自然指交付華官審訊。無論英人如何解釋，在當時兩廣總督心目中，其所以發給紅牌准許英船出口者，無非以當時既未能指證兇手何人，長此逗遛英船，亦非辦法，故准先行開駛回國，俟查明犯人，再行解交辦理。故是年五月拘獲案犯陳亞茂等，訊明兇手係屬英水手嘍啉 (William)，嘍哆呢 (Antony)，

註六九：Koo, Status of Aliens in China, pp. 50-51.

註七〇：Morse, Chronicles, III, p. 125.

咟叻喇（Paul），兩廣總督伯齡卽再嚴飭交兇。（註七一）英人自然强烈反抗，謂不應舊事重提，且有關諸船皆已開回英國，實屬無從查究。及十一月英國貨船絡繹來粵之時，伯齡認爲無可再延，不獨聲稱要將洋商及英船大班治罪，卽南海縣亦大受譴責。茲將督撫下按察司扎節錄於下，以見當時廣州大憲對法權維護之一班：

『據署南海縣知縣……具稟該縣民人黃亞勝被兇夷嘍啉傷斃一案，懇請奏明，一面照會該國王，訊明兇夷解粵究辦等情到本部堂院，據此，查此案前因見證方亞科未能指出兇夷姓名，是以保商及大班喇咈等無憑查交；嗣據南海縣具詳拘獲案犯陳亞茂等，訊明兇夷係屬嘍啉，當經嚴批，轉飭勒交審辦。現當該國貨船絡繹來粵之時，正應嚴飭交出，照例審明奏辦，以昭國法，而崇體制。該縣何得率聽洋商及大班喇咈諉卸之詞，率請照會該國王查緝解究？且夷衆來粵貿易，大班喇咈是其專營，又有洋商爲之保結，責有攸歸，乃不從此跟拘，轉欲恃重洋一紙爲之偵捕，不特本部堂院向無照會彼國緝犯之例，卽使行文該國王，仍以查緝無獲，含

註七一：ibid., III, p. 153；喇咈致行商書，達衷集，頁一〇二。

糊具覆，豈能以一奏完結乎？……除稟批發外，合飭嚴拘審辦，備札仰司飭縣立即勒令保商嚴諭該國大班喇咈，限十日內務將兇夷嘍啉交出，傳同陳亞茂等，究明起衅致傷身死實情，照例擬解，以憑轉請覆審會奏。倘保商及該國大班狗庇兇夷，逾限不交，即當治以藏匿罪人之罪，并將該縣立揭請參，斷不能再事寬容。』（註七二）

翌年正月聞大班喇咈行將歸國，即咨會粤海關扣留紅牌，必俟將兇手嘍啉等解究，方准領牌開船回國。（註七三）惟不久伯齡他調，事遂和緩；然仍由新任大班啵啤（Henry Browne）具稟『俟本年秋冬接到本國公班衙之信，有無查出兇手憑據，即當稟請辦理』，（註七四）廣州官憲始發給紅牌，准英船揚帆離粤。

道光元年（一八二一）又有英艦杜排士（H.M.S. Topaze）案，使中國對外人之裁判權

註七二：南海縣下洋商諭，嘉慶十五年十一月十一日，達衷集，頁一〇八。

註七三：粤海關下洋行商人諭，嘉慶十五年十二月三十日，仝上，頁一一五。

註七四：啵啤等上總督及海關稟，達衷集，頁一一六；

，不獲行使。是年十一月二十一日（西曆十二月十五日）該船泊於伶仃，因取水與當地居民發生衝突，英人傷者十四人，華人死者二人，傷者四人。當經飭令交兇審辦，但東印度公司委員長則謂彼係管理買賣事務，兵船與民人相毆，無權經管。廣州官廳卽將英國在粵貨船封艙，幷嚴加駁斥如左：

『查該國兵船係爲保護貨船之用，卽是因買賣事務而來，該大班何得將買賣兵船分爲兩事。況歷來夷人與民人交涉之事，俱係諭飭洋商，傳諭該大班辦理，該大班既在粵省承管該國事務，該國兵船傷斃民人，豈能藉詞推諉。』（註七五）

然英人此次異常堅決，非惟不肯交兇，且自行退居船上，聲稱將率同各貨船放空回國。見兩廣總督不爲所動，英總兵李察臣（Captain Richardson）乃提議，俟彼回國，當奏聞英皇，依法將犯人處治，總督不納其議，堅持中國定例，『夷兵在內地犯事，卽係化外人有犯應遵內地法律辦理』。然英艦竟于正月十七日（西歷二月二八日）不顧而行。至是兩廣總督始以兇手既經隨往，該大班等現時無從著交，准令各船開艙下貨，但『仍飭

註七五：道光二年正月二十八日阮元奏，清道光朝外交史料，卷一，頁十一至十三。

大班等告知該國王查出兇夷，附搭貨船，押解來粵，按名交出，聽候究辦。』(註七六)

道光十三年(一八三三)，鴉片船黑爾古司號(Hercules)停泊金星門，水手與當地居民發生衝突，向居民開火，華人死一名，傷一名，另一華人被擄而去。公司委員會雖認該船長格蘭(Capt. Grant)氏所爲跡近海盜，(註七七)但只令該船長釋放被羈縶之華人，對華方要求交兇審訊，始終以不能查獲犯人，及公司對于省河以外鴉片船隻之事件不能負責爲推諉。廣州官廳對此即加駁飭如下：

(一)該大班受其國王之命，來華管理買賣事情，責任非輕。外國船隻來至粵海，不論入口與否，既在中國領海之內，自應遵守天朝法令。

(二)該鴉片船隻來自英國之印度，自必歸大班管轄，觀於該船主至廣州後，並未受當地官廳之傳諭，而亦即釋放被擄之華人，並將船隻駛離金星門，非遵從該大

註七六：參看道光二年三月初七日軍機處寄阮元，道光三年八月二十日阮元奏，仝上，一，頁十五，頁四五：Morse, Chronicles, IV, pp. 18-19, 27-41.

註七七：Extract Factory Letter, Nov. 16, 1833, Parliamentary Papers, Opium Trade, 1840, p. 7.

班之命如何？（註七八）

英人抗拒之堅定，使廣州官廳不能不採取折衷辦法。肇事地點在澳門附近，於是兩廣總督引用澳門事例，飭令將兇手帶至澳門，委員督同夷目辦理，呈報覆覈，『照夷法處治』。（註七九） 然幷此英人亦不遵從。據說後來洋商買通一黑人，承認誤傷華人斃命，而華官亦以過失殺人論罪，草草了事云。（註八〇）

上述諸案皆足証明英人自一七八四年許士夫人船事件以來，卽實行其不交兇政策，其抗拒中國裁判權之手段，愈進愈厲。反之，中國方面每遇事件發生，必力求充分行使其法權，然當時制裁外人之武器，只停止通商之一途，此而不能奏效，惟有採取折衷辦法，援引管理澳門葡人條例，免其交禁，更或於洋棧開庭審訊。無如英人强橫之性已

註七八：Governor Loo to Hong Merchants, Nov. 12, 1833, ibid.

註七九：From Kwong-chow-fu, Dec. 17, ibid., p. 43; Viceroy Loo's Edict, Jan. 2, 1834, ibid., p. 48.
外人每將『照夷法處治』譯作 to be punished according to foreign law，有若華官願停用本國法律，而應用外國法律者。其實「照夷法處治」云云，只謂執行刑罰——尤其是死刑——依夷人方法而已，審訊擬斷，均照我國法律也。

註八〇：Extract Factory Consultations, Jan. 24, 1834, ibid., 48; Viceroy's Edict, Feb. 8, ibid., p. 52.

成，并此亦不接受，卒至中國當局忍無可忍，衝突遂不可止。

九　東印度公司解散以後

然英人并不以規避中國法權爲滿足，乃更欲進一步在廣州自組法庭。一八三三年東印度公司壟斷在華英國商務之執照，行將期滿之時，司當東爵士（Sir George Staunton）即於國會提議，就廣州設立英國海軍裁判所，予以審判職權。雖以印度部大臣格蘭（Grant）氏之反對而遭拒絕，（註八一）顧司氏之企圖，迄未少衰，復將該議用整理中國及印度商務案之名義，提出下院。此次雖經下議員尹格里（Sir Robert Inglis）之質詢，以及上議員史脫雷得海倫（Viscount Strathallan），艾倫保羅（Lord Ellenborough）等之反對，然卒通過上下兩院，於一八三三年八月二十八日成爲英國國會之法律案。該案第六欵規定如左：

『六，玆規定皇帝陛下以一勅令或數勅令，一委令或數委令，經皇帝在閣議認爲便利有益者，得俾予各該監督或一監督以管理英國人民在中國國境上任何部分以內

註八一：Staunton, Notices re. China, pp. *15, *49.

之商務權限；幷得制定頒布關于中國商務及管理中國境內英國人民之敎令則例；又得對於違犯此項敎令則例者，科以罰金，沒收，監禁之刑；又得組織具有刑事及海軍裁判權之法庭一所，以審理英國人民在中國領土口岸海港及在中國海岸三十英里內之公海所犯各案；又得於上開各監督中，指派一人，爲該法庭之審判官，其餘爲執行審判之官；又得批給其在閣議以爲理應發給各該官之薪俸。』（註八二）

首充此條例下之監督者爲拿皮樓（Lord Napier）氏，於一八三四年七月廿五日行抵廣州，乃以要求直接與廣東官憲通文札，不爲所納，檄令離省。十月十一日拿氏歿于澳門，而此破壞我國法權之英國國會法案，卒未獲在吾國領土內見諸實行。（註八三）

但至一八三八年，在華設立法庭之議，又復興起。英外長巴爾梅斯登（Lord Palmerston）受駐華領袖監督義律（Capt. Charles Elliot）輩之慫恿，（註八四）于是年四月三十日

註八二：Koo, Status of Aliens in China, p. 101.

註八三：參看 Morse, International Relations, I, Ch. VI.

註八四：參看 Papers re. Establishment of a Court of Judicature in China, 1838, p. 7 et seq.

在下院提出一法案，請准其在中國設立司法機關，予以刑事民事及海軍事件之裁判權。

其所擬草案之首二段如左：

『一，爲維持中國境內英國人民通商往來之治安，增進中英人民之親睦，幷防止紛爭起見；自宜在中國境內任何部分或口岸海港或海岸九英里以內，設立具有刑事海軍民事裁判權之英國法庭一所或數所；以審判英國人民在該國境內或其口岸海港內，暨距中國海岸一百英里內公海一切犯罪事件，幷審判該法庭管轄內關于商務任何爭端之一切民事案件，又凡遵照閣令所指定得上控于御前或東印度任何大理院之案件，亦歸該法庭裁判；……』

『二，因有案件發生于各該法庭管轄境內，而由在華之外國商民或中國人民請求各該法庭調處，藉資裁決上項人民與英國人民之糾葛紛爭者，故規定皇后陛下得以任何勅令頒佈章程，使該法庭有所遵守。』(註八五)

該法案提出後，直至是年七月二十八日始組織審查委員會，當時議員霍斯（Hawes）

註八五：見 Koo, Status of Aliens in China, p. 112.

即發表其反對意見如左：

『本席已將貴爵（指巴爾梅斯登）所提出本院之說帖，詳加參閱，幷未見中國當軸方面對于貴爵所擬付與該法庭之裁判權，稍有認可之痕跡。今欲質問者，即似此干涉中國法律，中國當軸是否承認？又該法庭成立之後，如中國人民不遵該法庭之判決，該法庭之職權，除用實力外，能否實行？』

霍氏更言，中國當局已深明其國際地位，今英人以其本國習慣，事前不徵求中國同意，強施于中華領土，必將陷中英通商于危境。（註八六）

巴爾梅斯登雖極力堅持，謂事前徵求中國同意之辦法，必屬無效，而在華設立此種法庭，當不致引起華人之憤怒；然下院多數意見終不謂然，於是巴氏不得不將該法案撤回。

巴爾梅斯登與義律輩以爲在中國設立該項法庭，當不致引起華人之憤怒與反對，實屬大謬。前此中國當軸對于法權之維護，姑置勿論，就當時形勢觀之，實與巴氏等之預

註八六：ibid., p. 114.

料極相逕庭也。時中國正厲行禁煙，道光十九年春（一八三九）林則徐到任廣東不久，即援引歷次外人服法之刑案，奏請『將夷人帶鴉片來內地者，應照化外有犯之例，人即正法，貨物入官』。（註八七） 是年七月林氏得旨頒布新例，照會英吉利國王，對中國法權之行使，更嚴加伸述，謂『弼教明刑，古今通義，譬如別國人到𠸄國貿易，尚須遵𠸄國法度，況天朝乎？』（註八八） 故是年林維喜被英人酒醉毆斃，林則徐即嚴令義律交兇，不遵，則絕其糧食，撤其工人，馴至于尖沙嘴發生衝突，引起戰爭亦所不惜。蓋如林氏所言：『人命至重，若因𠸄夷而廢法律，則不但無以馭他國，更何以治華民？』（註八九）由是觀之，謂于中國設立英人民刑海軍法庭，而不致引起中國反對，甚而至如義律所言極易得廣州官憲同意者，（註九〇） 無乃荒謬之論乎？

註八七：夷務始末，六，頁三一。

註八八：夷務始末，七，頁，三六。

註八九：道光十九年七月二十四日林則徐等奏，仝上，八，頁四。

註九〇：Charles Elliot's Memorandum to Palmerston, June 2, 1837, Papers re. to Establishment of a Court of Judicature in China, 1838, p. 7.

十　結論

從以上之探討，吾人可得下列結論：

（一）對于外人與外人間之案件，中國當軸無一定辦理之成例，大約乾隆十九年外人致斃外人遣回本國處治之諭旨，廣州官憲只當作一種特別恩旨，故嗣後同類案件發生，廣州官憲仍飭令交兇審辦，非至兇手無法追索時，不行援引該諭旨。

（二）對於較輕之案件，中國當軸每採息事寧人政策，可了結時即不欲繩之以法。至如笞杖等輕微之罪，廣州官憲亦嘗於審訊擬斷之後，交由該國頭目發落。

（三）對于外人致斃華人，中國當軸始終不稍放棄其法權。停止貿易，拘押洋商，均為廣州官廳時所採用，以迫外人交兇懲辦者也。然自一七八四年許士夫人號輪船案件以還，英人抵抗中國法律之政策，愈進而愈堅決，於是華官被迫採取折衷辦法，往往援引澳門事例，免其交兇囚禁，甚或于洋棧開庭審訊，曲行遷就。然英人得寸進尺，每併此亦加拒絕。馴至中國當軸忍無可忍，採取强硬手段，於是由林維喜之案而引入鴉片戰爭矣。

是故，謂列國在華領事裁判權，有如土耳其之基於習俗通例，或由於華官自願放棄法權而致成，固屬不通之論；然當時中國官吏愚懞積弱，更因英人之頑抗，致未能充分行使對外人之裁判權，亦爲不可諱之事實。

二十五年六月

南洋熱帶醫藥史話

南洋熱帶醫藥史話

黃素封 編著

民國二十五年上海商務印書館鉛印本

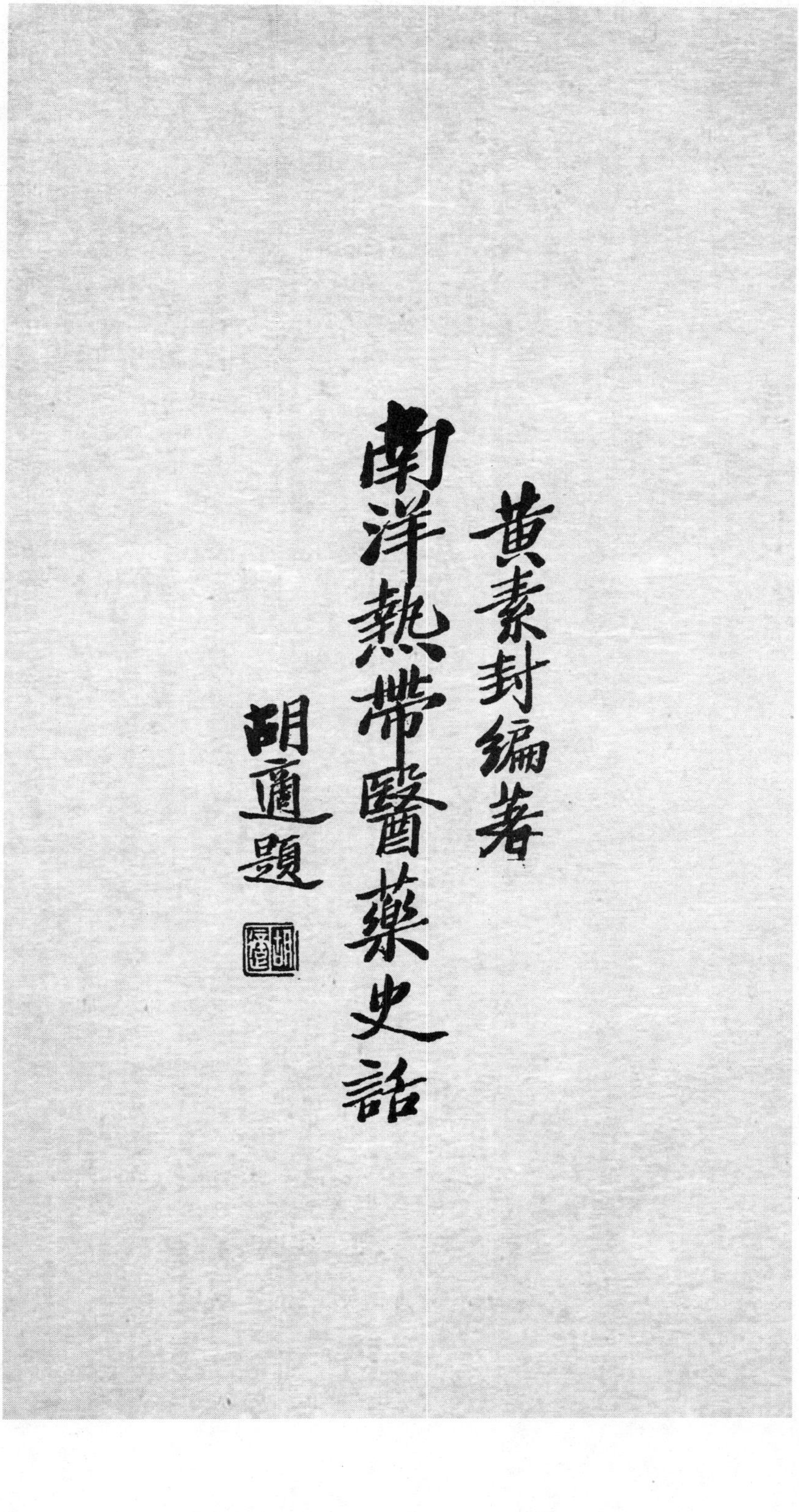

黃素封編著

南洋熱帶醫藥史話

胡適題

NATIONAL WU-HAN
UNIVERSITY LIBRARY
WUCHANG, CHINA
PRESENTED BY
贈
時期
DATE
1951 八月 廿貳日

南洋熱帶醫藥史話

黃素封編著

商務印書館發行

本書作者的其他出版物

南洋之部

(編著)科學的南洋	定價三元二角	商務
(著)南天樂園	定價七角	商務
(著)可愛的南洋	將出版	商務
(合譯)十七世紀南洋羣島航海記兩種	定價一元二角	商務
(編著)南洋高小衞生教科書(共四册)	各一角二分	商務
(編)南洋高小衞生教學法(共四册)	各五角	商務
(編)南洋初小常識教學法(四至八册)	各七角	商務
(校)李長傅譯菲律賓史	將出版	商務
(增訂)趙景源著南洋常識教科書(共八册)	各一角二分	商務

化學之部

(編)化學發達史(萬有文庫二集)		商務
(譯)燃燒素學說史(萬有文庫二集)		商務
(合譯)中國鍊丹術考	將出版	商務
(合編述)實用有機化學	定價二元六角	開明
(編)居禮夫人傳	定價一角五分	開明

其　他

(合譯)低能遺傳研究：善惡家族	定價六角	開明
(合譯)世界之童年	定價七角五分	開明

(etc., etc.)

醫 生 和 病 兒

此圖係爪哇佛塔壁角上一幅浮雕的照片。塔名婆羅浮圖(Borobodor)，爲九世紀佛教建築物。病兒臥母懷中，由醫生診斷，傍坐三人，均有憂容。原圖由荷蘭考古學家可龍博士(Dr. N. J. Krom)所攝。(關於此處佛塔史蹟，請參閱爪哇婆羅浮圖石雕考一文，載拙編科學的南洋中，由商務出版)。

附圖目次

謹以此書紀念

最近失去的在爪哇共同致力華僑教育的兩位朋友

楊史青先生

（井里汶華僑學校校長）

和

Mr. K. A. A. Toft

（北加浪岸英文學校校長）

他們幫助我同情我和安慰我的好意

使我終生不能忘記

衞　序

中國與南洋羣島交通很早，中國人在南洋羣島又很多，何以中國拓殖史上就沒有像荷蘭潘夏斯氏一般的醫生，在十七世紀專門研究南洋的風土病呢？余思其故，歐人欲拓其殖民地，乃用帆船繞好望角而至南洋羣島，經不同的氣候，吃不同的食物，加之航行日久，缺少新鮮菜蔬，易生疾病，病則不易治。爲途中安全計，故不得找良醫隨同治療。這些醫生在船上和異域遇着的病候，多是奇難大症，甚感棘手；乃從事研究，探知病源，求得診法。治療的方法多了，到南洋來的人也壯膽了，結果遂使勇於航海的葡、荷、西、英諸國，得安然統治南洋羣島，而醫生如潘夏斯等的功勞實大！

中國古代政府之對於異域，享朝貢之美名，而不統治其地。中國人民往異域者，不爲窮困所迫，卽爲避免罪刑，此外則爲儌與外國往來之奸商；是華僑之往南洋，能求安全溫飽，則屬甚幸，安敢望其有醫生隨同診治，減少死亡率以統治南洋耶?

黄素封先生致力南洋華僑文化事業有年，所著科學的南洋，南天樂園及所譯十七世紀南洋羣島航海記兩種等，讀者無不稱許。近復編南洋熱帶醫藥史話一書，實亦南洋史上一大貢獻。此册固足爲我國醫學界之參考，但由此可見歐人開拓殖民地之勇敢，而醫生亦肯盡其天職。此書雖非荷蘭之"開拓南洋史"，但由此一端可以窺見他們海外發展之不易，反映我國對於華僑之不加維護，勿怪乎佔南洋外僑人口大多數的華僑，在目下之地位日見動搖，其困難相迫而來也。余甚盼執掌"僑務"諸公能知眞心努力圖之!!

衞聚賢序於

上海中央銀行經濟研究室，

1935年2月23日。

自　序

四五年前，我在爪哇直葛辦理華僑學校，曾擔任該校高中部生理衞生學科的講師。當時因爲國內和西洋的教本，都缺乏南洋當地的材料，爲促起學生的興趣起見，我常摘取當地出版各種關於醫藥衞生的著作，以爲補充；也有時將個人識見所及，寫出一部分的私見，教授他們。日子久了，積下很多這方面的小稿，我現在選出幾篇，編成這一本小書。牠的內容，完全是我國出版界上沒有人說過的。

這本小書，我起先叫做"荷蘭東印度公司時代（1602-1791）東印度羣島之醫藥衞生史料一臠"，不過這樣太囉嗦了。現在改成"南洋熱帶醫藥史話"，仍然名副其實。

幾位熱心南洋文化的好事朋友，都促我付印。劉錫田學兄從爪哇萬隆來信囑我鈔一個副本寄他；李長傅兄忙裏偷閒，爲我校閱了半夜；聶志農兄是一位「五世醫家」的Born Physician，他很愛我那篇談論脚氣病和熱帶霉痘的兩章。他們都勸我早日把牠出版，以饗熱心南洋文化的同志。

幾年來摘取西洋人所研究南洋的結果，先後寫成科學的南洋、南天樂園、南洋熱帶初等植物教本、南洋衞生教本及教學法等等（統由商務出版），共約百餘萬言，未嘗不慚愧這種「媒婆」一般介紹勾當的淺薄和可恥，然而處在今日的中國，有何可說呢?!那裏的洋人們有科學團體的資助，祖國政府的津貼，當然可以安心研究，等到有所創見的時候再發表，我不急於這樣有何辦法呢!?豈有人甘於淺薄者乎?!

有一件很重要的事，希望讀者注意，即種牛痘的方法是由東印度公司的醫生皮爾生氏(Alexander Pearson 1780-1874)在 1805 年傳入我國廣州的。1805 年是清嘉慶十年；距英國勤納氏 (Edward Jenner) 發明種牛痘僅七年。那時最初發明種牛痘的地方，還在反對勤納，而廣東人已開始採用了。後來勤納聽到中國愛種牛痘的事實，再看他本國人的守舊派的行爲，大受感動。關於這件史實，王吉民先生有很詳細的敍述，詳見他和伍連德博士合著的中國醫史（英文本名 *History of chinese Medicine*） 第一百四十二頁至第一百五十一頁，玆不復贅。前書由天津的 Tientsin Press 出版。

本書的考證，多根據荷蘭豐・汝梅氏 (L. S. A. M. von

Rœmer）的研究，特誌於此，以示眞像。

這種書是沒有銷路的，但在出版界落伍的中國而能得與讀者相見，這完全是出於王雲五、黃紹緒和蘇繼卿三位學前輩的好意，謹書此致謝。

本書第八章及第十章，在屬稿時曾得同學鄭英兄的助力；又有二處拉丁學名，曾請徐家匯天主堂徐宗澤大司鐸代爲查出；作者心感十分。至本書所附植物插圖，係商務編審部派蘇敏政君協助繪成，亦理宜附此申謝。考古學家衞聚賢先生爲本書作序，除勉勵作者外，並盼當局執掌"僑務"諸公，應學荷蘭醫界先哲，爲華僑謀眞正利益。他的好意，當然不祇作者一人要竭誠感謝的了！

民國二十四年十一月八日早晨

銅山黃素封

自校本書「清樣」之後，謹誌於

上海金神父路花園坊 38 號。

本書淸樣今晨完全改正之後，午後遇胡適之先生來研究所參觀，特請他順便爲本書題簽。胡先生在七年前曾勉勵我遠遊南洋，所以假使我在國內，對於介紹南洋文化的工作上，有什麽絲毫的貢獻，和在南洋對於華僑教育上，有什麽微薄的幫助，那嗎這一點小小事業的嫩芽，當然是由胡先生最初所播的種子而發生的。我淸淸楚楚地記得這粒「種子」很肥美，可惜後來因爲土壤瘠薄，風雨失調，以致這棵嫩芽很瘦弱！並且牠的前途也十分危險！

素封又誌於上海自然科學研究所，
八日晚九時。

目　　錄

南洋熱帶醫藥史話

第一章

荷蘭東印度公司的由來

十五六世紀是歐洲大探險家空前的活動時代；他們的派遣，既不出於商業城市國家意大利的主張，又和殷富的日耳曼貿易中心的"漢薩同盟"(Hanseatic League)無關，乃是由商業落後而農業稱盛的葡萄牙、西班牙、英格蘭、荷蘭和法蘭西等國所委派的。這件事在表面看起，似乎費解；然而我們一究當時歐洲的經濟狀況，便知這是自然的趨勢。

中世紀歐洲很缺乏金銀，及商業逐漸發達之後，金銀愈覺稀少，不便之處，所在多有；其在無金銀鑛的國家裏，一種現款周轉不靈的現象，更形緊張。並且思振圖強的君主，又需要大量的金銀，以增厚國家的勢力，維持宮庭的"場面"，招募兵丁，支付軍費。這時歐洲各國之中，只有意大利和日耳曼可以得到這種珍貴的金屬——意大利城市國家擔任了亞歐貿易的經紀人，獨佔亞洲的商業，因而贏得大利；日耳曼人有鑛，又操賺錢的交易，致富者亦多。別的國家，如西歐的農業國，這時便一方面雇用點金術士 (alchemist)，求變鐵石爲黃金的方法，更禁止黃金出口，或鑄造贋幣，行使國外，以裕國庫；結果皆無補於實際。(註一) 因此西歐識見遠大的君主，就突起了一片野心，各人都想開闢一條航行亞洲的新路，直接和東方貿易，免得長此受意大利和日耳曼商人的剝削，並且自已也有賺大錢的希望。此計一定，於是西歐各國的探險家都風起雲湧地向東方來了！

葡萄牙的探險家最先出發，他們冒險到了曠古無聞的非洲西岸，又沿岸繞過好望角，於 1498 年(明孝宗弘治十一年)達印度。他們便由這條新路運回大批香料，並依當時的國際信義，要求各國允許新航線的獨佔權，因此獲得大利。葡國政府隨後在非洲海岸，印度洋濱，波斯灣口，和盛產香料的東印度羣島，都設立商站，佈置警衛。載運香料的商船，在葡國海軍保護之下，停泊里斯本(Lisbon)，將貨物出售與英、法、荷、西各國的商人；據說葡王每年所得的淨利達七百五十萬金元之巨。至於葡國的大小官吏和商人，不用說也都是腰纏纍纍了。這時意大利重要商埠威尼斯的商人，曾向葡王要求躉買一切經好望角運來的香料，願爲分銷，結果竟未邀葡王的許可(1521)！

西班牙這時沒曾找出一條去產"香料羣島"的新航路，可是發現了美洲的金銀鑛。在此，西國自 1493 年至 1640 年的 147年間，曾掘得金 875 噸，又銀 45,720 噸。因此她的國勢和宮庭，在十六世紀中遂得稱雄全歐，而海外殖民地的擴張，也稱盛一時；從此歐西各國無不欲努力於海外探險的事業了。

英國和法國雖派遣探險家出外，但仍願繼續從里斯本購買香料，只有小小的荷蘭國最不服氣。

荷蘭商人初附屬於西班牙之後，作西葡貿易中的轉運商和分賣商；及十六世紀末葉，荷人反抗西班牙，而西葡兩國彼時同受菲力第二世 (Philip II) 的統治，於是荷人遂起始掠取葡萄牙的"殖民商業帝國" (Colonial-Commercial Empire)。結果，葡人繞好望角的航路，和東方及東印度羣島的商站，完全落入荷人手中。1602 年荷人組織荷蘭東印度公司 (United East India Company)，以操縱歐洲的香料市場，雖然英法兩國的商人極欲染指，可是優先利益卻被荷蘭人掌握了數十年。自此，荷蘭的商業興旺了；荷蘭的海港繁盛了；

荷蘭的巨艦加多了；荷蘭的殖民地擴張了；——海上霸權，一時似乎是握在荷蘭人之手！(註二)

東印度公司創設之初，就像一所大規模的國家機關，可代表國務總長以抵禦西班牙人及其他強敵，以保持香料的市價，不致在西方的賣價減低。(註三) 同時並得國務總長的特許，公司可以自由作戰，休戰，拘留外國船隻，拓植和造幣等事。公司的最高機關爲"十七人會議"，雖是章程上規定着他們要向荷蘭國務總長報告一切情況，實則他們隨時隨處皆可自由行動：既握遠東屬地的統治權，又有祖國的外交和軍備做後盾。這個受國家竭力保護的公司，自然能得多數人的信認，因此當時投資總額竟達六百五十萬荷幣之多。(註四)

東印度公司最初的慾望，只在得香料羣島的專賣權，因爲那時歐洲人對於安汶島(Ambon)的"玉桂"，萬蘭島(Banda)的豆蔻，及摩鹿哥的胡椒，最爲歡迎；倘能壟斷市場，免除競爭，即可高擡價格，坐收大利；公司既有這種奢望，所以不得不充實武力的準備。1609年當東印度第一任總督卜斯·彼得(Pieter Both)就任之初，就立下一條志願，他說："摩鹿哥，安汶和萬蘭各島的商業，皆須歸東印度公司管理，世界任何國家不得侵佔分毫"(註五) 後來在他六年的任期中，銳意經營，與各土王訂立條約，由獲得各島的商業專權入手，進而佔領了各島爲領土。

1615 年荷人將摩鹿哥羣島的葡人全行逐出。1618 年荷人欲得一摩鹿哥之通道，遂在卡格臘 (Jacatra)(註六) 就地築塞；不料興工之後，羣土王聯合攻來，以致全鎮被毀，後來全賴總督顧英 (Jan P. Coen) 氏親率援軍反攻，始得解圍。顧英勝後，乃就卡格臘舊墟，靠着河口建起了巴達維亞 (Batavia) 新城，以作全東印度商業和政治的中心。從此荷人在東方的勢力纔日益鞏固。

公司經過黃金時代而後，循盛極必衰之理，就在 1798 年宣告停業了，計存在將二百年。公司雖閉，政權仍在，今日的東印度政府實權興於此。

本書之作，意在敘述東印度公司經營二百年間的醫藥衛生狀況，至於公司始末和當時歐洲經濟問題，本不當多費筆墨，致瀆讀者清神，不過爲使讀者明瞭根源，姑略述梗概如上。

(註一) 見黃素封編化學發達史 (萬有文庫第二集收本)，第四章。

(註二) 見 Parker Thomas Moon: *Imperialism and World Politics*, Chap. II, Sec. 1.

（註三） 見 Hunter: *A History of British India*, Vol. I, P. 238.

（註四） 見黃素封姚枏合譯之 Frijke & Schweitzer 所著 *Voyages to the East Indies* 一書中的 Introduction(係 C. Ernest Fayle 所作）。譯本由商務印書館出版，名十七世紀南洋羣島航海記二種。定價一元二角。

（註五） 見（註 2）所舉書, Vol. I, P. 341.

（註六） 卡格臘 (Jacatra) 乃吧城未建築前的舊地名，現已不通行。

第二章

荷蘭商船開始東航

第一個到過遠東的荷蘭人名叫林曉東 (Jang Huygen van Linschoten)，他在 1583 年乘葡萄牙船到印度，居住孟買南邊果阿 (Goa) 地方約五年之久，後來又到太平洋東岸的阿儒耳斯羣島 (Azores) 上住過兩年，於 1592 航回荷蘭。

林氏生於阿藍 (Haarlem)，時當 1563 年，初次乘風破浪來到東方的時候，正是一位二十歲的青年。林氏同時，尙有一位名叫何瑞芝 (Dirk Gerritz) 的荷人，曾循水路到過中國和日本，回國之後，以其常談中華文物故事，因而取得一個"中華"的綽號。惟何氏往返的年代已不可考得。

林曉東和何瑞芝平安回家之後，已是歐洲一般冒險兒慣聽馬哥孛羅的東方遊記(註一) 數百十年了。大家久已羨慕遠東的寶物富庶，都想碰碰運氣，於是就有一大幫商人聯合組織

"東方貿易艦隊"。

第一次的荷蘭東方貿易艦隊是在 1595 年 4 月 2 日由太克塞（Texel）啟行的，這一隊計有大船四艘（圖一），其名稱如下：

圖一　荷蘭第一次航行遠東四隻航帆船啓行時的情形。

1. 荷蘭號（Hollandia），

2. 馬瑞他斯號（Mauritius），

3. 阿姆斯特丹號（Amsterdam），

4. 快艇答夫克號（Duyfken）。(註二)

這四隻船上共有水手二百二十九名，途中抱病不起的人很多，因而死亡率甚大。阿姆斯特丹號不幸在印度燬於火。結果衹餘三艘船航回了荷蘭（圖二），靠岸的日子是 1597 年

圖二　由遠東航回荷蘭的三船情形。

8 月14日，船上的水手——共不足百人——以外的不是病亡異鄉，就是留住印度不敢再行遠航了！

這回第一次來到東印度的船上有兩位醫生，一名楊詩（J. Jansz），一名鄒喜（Mr. Jcost），同乘馬瑞他斯號。這兩位可說是最初來到東方的醫學專家，以外的人很多是只想染指東方財富的海盜。在馬瑞他斯號船上還有兩位胞兄弟，兄名考乃利（Cornelis De Houtman），弟名夫利克（Frederik De Houtman）。兄任船上正書記，弟精於天文學及語言學，充副書記職務。

這兩位醫生，據說政府航海部曾委派他們調查過木蘭得兒（Jan Mullenaar）暴死的案件。木氏曾充某船船長，暴斃之後，當局認爲他是被同船的人施毒所害的。關於此案，顧思(Fr. van Der Goes)航船日記上記載着這樣一段話：

"死者屍體狼狽異常，卽三尺童子，亦能斷定他是中毒斃命的，船醫有同樣的判斷，全船的人也都這樣的說。現死者已葬於大海中。在未葬前，皮膚皆變作青紫斑痕，毒藥合血沫，由口喉間冲出，糊塗萬分。頭髮稀鬆，一觸卽脫。由此種種現象，故知兇手所施毒藥甚多"。

據一般水手的公意，都指考乃利爲兇手，因此船上的人就把他捉着，加上手鐐腳銬，從事審問。考氏誓死否認，同時醫生們也找不出確憑實據，隨後他就被大家釋放了。其他一無所知。

以後 1599 年和 1600 年荷蘭又派兩次艦隊航行南洋羣島，統由耐克船長 (Jacob van Neck) 管理。1599 年開行的是馬瑞他斯號，船上有古滿先生 (Klaas Koolman) 做醫官；1600 年阿姆斯特丹號出發，充任船醫的是吳登先生 (Pieter Jansz van Woerden)。這兩位都是得過醫學博士的人物，只因同無著述傳流後世，故其生平淹沒無聞。

據荷蘭史書的記載，1595 與 1601 年間，荷人共遠征十五次，船隻計六十九艘，或由好望角，或循麥哲倫海峽（Strait of Magellan）而東行，全爲貿易性質，多聘醫生隨從；只因這段時期不屬本書敍述的範圍，故略而不詳。

（註一）馬哥·孛羅（Marco Polo）的東方遊記是十四十五兩世紀風行歐州之一奇書。馬可自幼得元朝忽必烈的寵倖，據我國史籍，一二七七年時曾官樞密副使，更充使命，遍遊我國西南各處；計居留我國達十六年。依威爾士（H. G. Wells）的考證，一二九八年熱那亞與威尼斯間發生海戰，馬哥俘至熱那亞，中心憂鬱不平，因向一位著作家羅斯梯謝奴（Rusticiano）述其遊跡，以作消遣，羅氏筆記其言，成遊記一書，至羅氏初用何種文字，已不可考得。書中記我國版圖遼闊，物產豐富，文化鼎盛；又謂"沿途皆有優美的逆旅"和"幽雅的葡萄園，田疇與花圃"，人民織造"金絲布匹及光彩奪目的綢緞"等。此外又說日本多金，緬甸有雄壯的象軍。於是東方的富庶轟動全歐，十六世紀歐人冒險東來，可說多受這本書的激刺。此書現我國有張星烺先生的譯本，列入商務萬有文庫第二集。

（註二）這四隻船啓碇時的情形，一六四六年出版的東印度公司的成立與發展第一册（*Begin en Voortgangh van de Vereenighde Nederl. Geoctroy. Compagnie*, Vol. I, 1646）上附有木版雕刻，茲影印爲本書第一圖。

第三章

東印度公司名醫潘夏斯

荷蘭東印度公司是在 1602 年成立的。成立後十五年，政府委顧英 (Jan Pietersz Coen) 氏任東印度總督；顧氏以政績卓著，有功國家，得賡續兩任。當顧氏第二次受命之後，荷蘭國派了一位著名的醫師，來吧城 (Batavia) 充任官醫，他的名子叫做潘夏斯 (Jacobus Bontius)。這位先生不僅是一位歧黃救世的醫生，還是一位著作等身的學術家，他的醫學名著，直到今天還是有名。

潘氏父名哥爾答(Gerardus Bontius) 曾任萊登大學（荷蘭）。兄名戴各內如斯 (Regnerus Bontius)，在父歿後，被政府委任萊登大學的醫科教授。潘氏於 1592 年生於萊登，1614 年 6 月 22 日考得醫學博士位，畢業於萊登大學。1626 年 8 月 24 日被政府任命爲東印度醫官總監兼理藥技師，時年三十四歲；乃於1627年3月19日乘維也納號帆船(Vianen)首途，是年9月18日抵吧達維亞，計在途中凡經6個月又6日。

潘夏斯抵步以後，卽奉命赴摩鹿哥羣島考察，公畢回吧城不久，適馬打南王(Mataram)的亞根蘇丹(Sultan Ageng)(註一)來攻，重受驚擾。第一次血戰凡歷三月半，卽1628年自8月22日至12月3日；第二次在1629年自8月21日至11月2日，凡經兩月半。前後兩次戰爭，潘氏皆在重圍之中。馬打南王國卽今日爪哇的日惹王室(Djokjakarta)。

潘夏斯住在南洋的兩年內，曾患了四個月的重病——瘧疾，脚氣和痢疾，鑫於一身。1630年病愈，連任檢察廳長及其他文官要務，忽於1631年9月14日歿於吧城，享壽僅三十九歲。潘氏僑居凡四年，公餘之暇，卽潛心於學術的研究，所成著作，影響後來熱帶醫學至巨，其流傳至今者有下列六種：

1. *Methodus Medendi qua in Indiis Orientalibus Oportus uti, in cura Morborum illic Vulgo et Populariter Grassantium.*
2. *De Conservanda Valetudine seu de Diaeta Sanorum Indis hisce Observanda.*

3. *Observationes aliquot selectae ex Dissectione Cadaverumac AYTO Ψ IAdesumptae, quaeprae-cedentibus jam dictis non parum lucis ad-ferunt.*
4. *Animadversiones in Garciam ab Orto.*
5. *de Quadrupedibus, Avibus et Piscibus.*
6. *de Plantis et Aromatibus.*

上邊第一種著作，潘氏在 1629 年 11 月 19 日致獻與荷蘭東印度公司的總理；第二種是在 1631 年正月 18 日完成的。其他四種脫稿的年月未詳，我們只知道當他臨死時，最後兩種還未完成。潘氏亡後，有一位皮叟博士 (Dr. Piso)(註二) 考訂他的著述，並附說明解釋，爲之一一刊行問世；潘氏之學遂得傳流於後世。

皮叟精通醫學，故能深知潘氏著作之價值。皮氏生於荷蘭萊登，年月不詳，學成後曾移居於阿姆斯特丹，爲當時知名之解剖學家。皮氏初服役於西印度公司，後來在 1636 年間，隨巴西總督任侍醫官。皮氏又是介紹巴西特產藥用植物"吐根"到歐洲的第一人。吐根是製造作嘔劑的原料，數百年來的名藥。皮氏居留巴西期間，致力於科學書籍的著作，現仍有相

當價值。(註三)

皮叟博士除出版自己的著作和刊印潘氏的著作以外，又印行了馬耳克拉夫(Dr. Georgius Markgraaf)的巴西地理方面的研究報告。(註四) 這一批大書的出版時期都是在1658,當潘氏歿後二十七年。

潘氏歿十一年後，當他的胞弟潘夏斯・威廉博士 (Dr. Willem Bontius)講學萊登時，有一位名叫海斯客(Franciscus Haskius) 的出版家，曾將潘氏的前四種著作(見前表)刊行問世。這是他的著作的第一版，全書分十二册，卷前附有戴廉氏 (Cornedis van Dalen) 雕刻的封面。

據赫烈氏所著的實用醫學全書 (Alb von Haller: *Bibliotheca Medicenae Practicae*) 第二册第 684 頁的記載，潘氏著作曾於 1645 年及 1646 年兩度刊行於法京巴黎。

赫烈氏又說："1658 年潘氏的 *Methodus medendi* 書曾刊印單行本於阿姆斯特丹，同年皮叟博士又出版潘夏斯全集，即潘氏生平未完成的兩種著作，亦詳加釐正，收羅在內。更據愛先生所著的荷蘭名人辭書 (V. D. Aa: *Biographisch Woordenboek der Nederlanden*)，我們查出他的著作，後來在 1706 年重印於巴黎，1718 年及 1745 又重版於萊登。

1694 年荷京的亨氏 (Jan ten Hoorn) 曾將潘氏的第一種及第四種（見前表）著作，和皮叟氏及馬克拉夫的著作，彙爲一集，譯成荷蘭文，定名爲潘·皮·馬三醫生合著東西兩印度人民生活狀況及醫術紀詳，及關於東西兩印度所發現的香料，動植物的論文集，這本書後來在 1734 年又由海門 (Jacobus Haymen) 出版一次。(註五)

當亞根蘇丹 (Sultan Ageng) 率領爪哇兵將進攻吧城的時候，吧城南部的一座醫院完全拆毀了。研究醫學的人當然也隨着軍事受了一次大損失。

潘氏的遺容已不可知，但他的哥哥戴各內如斯 (Regnerus Bontius)的肖像（圖三）至今還保存在萊登大學的圖書館裏。我們查東西兩印度人民生活狀況及醫術紀詳一書的封面上畫有三位學者的肖像，左一人立起，右一人靜坐，居中者手執藥壺作談話的

圖三 戴各內如斯氏肖像。

圖四　東西兩印度紀詳第二版之封面畫。

姿態，長髮留鬚，很像他的哥哥的面貌；因此有人判定他就是潘夏斯氏的遺容（圖四及圖五）。

潘氏的著作亦有英譯本行世，初版在 1769 年發行，印於倫敦。這本書的名字是荷蘭東印度殖民地巴達維亞醫生潘夏斯氏之東印度疾疫博物及藥物誌譯本。（註六）

後來東印度的名著徵引潘夏斯的文句和事實者指不勝屈，1783 年所出版之東印度京城巴達維亞之位置及發展（註七）一書上所列舉南洋之病名，可說完全是根據 1642 年出版的潘氏的著作。又如 1682 年紐火弗所著的著名海陸紀

遊 (Joan Nieuhof: *Gedenkwoerdige Zeeen Landrise*) 所述說的爪哇及外島的花草樹木，也是完全從潘氏的 *de Plantis et Aromatibus* 一書上摘下的，不過紐火弗並未指出所參考的書名能了。

圖五 潘夏斯（?）像

（由圖四中坐一人放大，並面部轉動向右而成。）

（註一） 蘇丹 (Sultan) 南洋各處通用之字，意即"王"。

（註二） 皮叟原名 Dr. Willem (Gulielmus) Piso，有時亦寫作 Guillaume Lapois；實則第二種寫法爲對。

（註三） 皮叟博士的重要著作，有下列三種仍發現：

1. "*de Medicina Brassilleensi*"(1648),
2. "*Historia naturalis Brasileae, in qua non tantum plantae et animalia sed et indigenorum morbi et describuntur et iconibus supra 500 illustrantur*" (1648),

3. "*de arundine sacharifera, de de melle sylvestri et de radice Manihoca*",

(註四) 馬耳克拉夫氏著作的名稱是 "*Tractatus Topographicus et Meteorologicus Brasiliae, cum Eclipsi Solari; quibus additi sunt Illius et Aliorum Commentarii de Brasiliensium et Chilensium Indole et Lingua*".

(註五) 原書名爲 *Oost-en West-Indische Warande, vervattende aldaar de Leef-en Geneeskonst; met een Verhaal van de speceerijen, Boom-en Aardgewassen, Dieren etc. in Oost-en West-Indien voorvallende door Jacobus Bontius, Gulielmus Piso, Georgius Markgraaf, Doctoren in de Medicyne*

(註六) 原書名 *An Account of the Diseases, Natural History and Medicines of the East Indies, Translated from the Latin of James Bontius, Physician of the Dutch Settlement at Batavia.*

(註七) 原書名 *Batavia de Hoofdstad van Neerlands O. Indien in derz, gelegen heid, opkomst ens*

第四章

潘夏斯和脚氣病

潘夏斯醫師在當時確實是一位有專門學識的著作家，他的著作沒有一本不是出自自家的心得。在潘氏書中發現他對於脚氣病（Beri-beri）和熱帶莓瘡（*Frambosia tropica*）的研究記錄，而尤以關於脚氣病的爲較多。

脚氣病是一種"東方病"，(註一) 在潘氏前已有人注意。1611 年 7 月 18 日東印度總督卜思（Pieter Both）氏由萬蘭（Banda）的拿少武砲壘（Castle Nassau）上寫給東印度公司總理的信裏就說過："這裏我們的人民患着一種脚氣病，手脚衰頽無力，痿靡地不成樣子！"(註二)（見圖六）

潘氏所著的"*Methodus Medendi*"的第一章上郎有討論脚氣病的記載，兹摘譯如下：

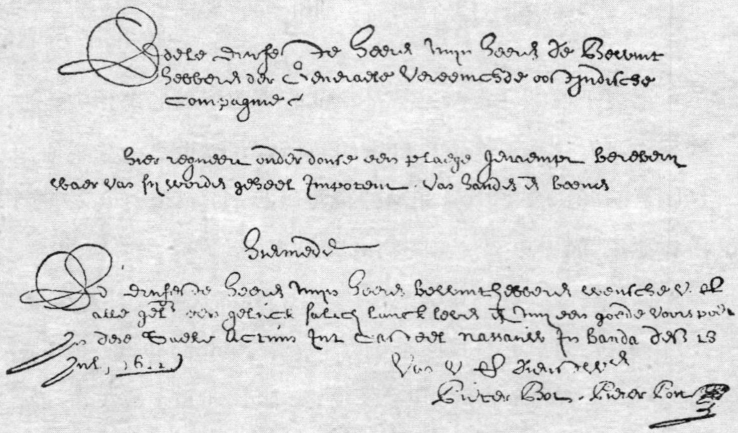

圖六　卜思氏信件原影

一六一一年七月十八日東印度第一任總督卜思氏寫給東印度公司總理的原函墨蹟。譯文見第四章附註二。原函現存荷蘭海牙“政府檔案保管處”。信末有兩個 Both，前者爲祕書所寫，後者係卜思氏本人的簽字。

“此地人民所最感受痛苦的一種疾病，一般士人叫牠“不瑞——不瑞”(Beri-beri)。“不瑞——不瑞”的意思就是綿羊。我相信這個名字是由病者的形態而來的，因爲患脚氣病者的步態好像綿羊的行動一樣，他的脚腿膝蓋都彎曲不靈了。這種病如其叫做疾病，實不如叫作"顫振"更爲妥帖，因爲患者的手腳的運動和感覺都麻木不靈，且有時他的全身戰慄不停。這種病的主要起因，是由於一種濃厚・粗糙・性黏如痰的一種內分泌，在夜間和雨季（註三）的時候傷害了神經系。"這裏的人民白晝受了炎熱天氣的蒸炙，精神疲罷不堪；夜晚入眠，衣服盡脫，於是白天腦精裏所存在之遲滯黏液（phleghatic humour）極易傷害神經；良以入夜氣候陰涼，此種分泌質莫由分散也。患腳氣病者的四肢均較平素略長，這是因爲在夜晚那種過剩的遲滯黏液流至手足的關節，於是神經就在不知不覺中促使牠們加長的。此病雖多數人發生很慢，但也有感染很快而病況進行很速的人——這是由於他在炎熱而疲乏的當兒，飲了大量的椰子水所致。我們在荷蘭國不是常看見，當中伏最熱的天裏，若是有人走了遠路或是做了劇烈運動之後，驟飲大量的冷啤酒或涼牛乳，每致喪生事情發生嗎？腳氣病的徵候不易看見，只是全身酸軟和思睡而已。運動和感覺皆不靈活，尤其是手腳四肢。此外更覺刺痛顫慄，好像我們在荷蘭國冬天玩弄雪凍太久，兩手所生的感覺一樣。'手腳僵了'四個字是形容患腳氣病者最好的語句。同時他說話的聲音也模糊不清。當我患這種病時，大約有一個多月，聲音異常低弱，幾乎什麼人都聽不出我的意思。此外還有一種症候，就是患者都有發生濃厚冷溼的分泌物之趨向"。

在潘夏斯氏這一段敍述中，他對於"不瑞——不瑞"(Beri-beri）是"綿羊"的一個假借名詞，用來以形容患者的行態。就是據荷蘭著名學者北克阿英(Pekelharing)和文克耳(Winkler）二氏所著的脚氣病起因和性質的研究以及救治的方法(註四）一書的考證，也說'beri-beri'這字確實的來源我們無從知道，但是這個字好像是用來表示這種病者一二樣特別症候之形容，因爲潘氏說患腳氣的人，行路時兩腳多是蹣跚偪硬的。他以爲印度斯坦（Hindustan）的人叫綿羊爲"伯瑞"(Bhayree)，患腳氣病者的兩腿行動時很像綿羊，他說這或者就是 Beri-beri 來源的意義吧"。馬沙爾氏（Marshall）說，Bhayree 一字的本意是衰弱；(註五）又馬可松氏（Malcolmson）說 Bhayree 一字在印度斯坦文裏確作綿羊解釋，不過應用時都合成複體字，如 Soon-Bayree；單字的 Bayree 是不常用的。（註六） 此外，又據黑可勞斯氏（Herklots）的研究，beri-beri 是由印度斯坦文 Bharbari 一字轉變而成的。Bharbari 的意思是浮腫。（註七）

其實潘氏由荷蘭直達爪哇，在此僑居四年而歿，終生並未到過印度斯坦，亦未嘗研究過印度斯坦的文字。他的著作是記述他的發現，他的議論是發揮他的信仰，他的考證是根據他的學識和經驗的推論——凡此一切皆沒有玄虛的成分在內。他說 Bharbari 一字有綿羊的意思，這是不錯的。據深知馬來語言者的考究，馬來羣島確實有人稱綿羊做 Biri-biri 的地方。Beri-beri 是 Biri-biri 一字誤聽或誤拼的結果，本是可能的事。至於後人引用印度斯坦文來考證潘氏的遺著，那未免是想入非非了！

在皮叟博士所刊印拉丁文的潘夏斯氏全集中，我們查不出潘氏對於"水腫"（Oedema）的記載，所以水腫性的脚氣病，他並不知道。豐·汝梅（Von Roemer）氏根據他的敍述，判定他當時所發現僅是單純脚氣病（*Beri-beri simplex*），或者他也見過了萎縮性的脚氣病（*Beri-beri atrophica*）；至於別

種腳氣病，潘氏則一無所知。(註八)

潘氏歿後 52 年，有一位名叫佛蘭克(Cristophorus Frikius)的醫生來東印度公司服務，當其經過萬蘭(Banda)的時候，曾患一度極沈重的腳氣病，後來用"土法"治愈了；茲錄其自敍經過如下。

佛氏於 1661 年生於德國的烏爾穆(Ulm)，年十六歲曾經瑞士等處而來荷蘭。不久，適逢荷蘭東印度公司招考醫生，他報告投考，得被錄取。自 1680 到 1686 年間，他在公司充二等醫師。其間佛氏足蹟遍東印度各埠，並曾旅行到日本一次。大約 1683 年他在萬蘭患腳氣病。他對於自己的症候有下邊一段記載，不過他未曾提出病的名目。他說：

"當我們的船靠着萬蘭的大陸，船長先登岸去了，因爲我的腿脹的很厲害，未能上陸；不然我也可以享受漫遊之樂趣了。後來病情逐漸加重，完全不能行動，他們就差人把我擡上岸。那時腹部也膨脹得好像一隻皮鼓似的；同時全身疼痛異常。如是三星期，當我的船開行時，我還不能起身，只得留在萬蘭調養。後來變成一個跛子，四肢軟弱的和棉花一樣；足足在三個月之中，鎮日躺在牀上，連將手指舉到嘴邊的力量都沒有。雖是心搏照舊跳動，但我絕不認爲還能保着這條性命。在痛苦特甚的時候，我只求得能早一天安樂的死掉。萬蘭的醫生每天把我運入一間燒灼火爐的房子，讓我在那裏流汗”。

怎樣流汗呢？請向下看：

“醫生把我們一羣同病的患者放在一張圓牀的凹處(?)，下邊用一列長杌擺成圓形。杌的中間放着一隻大桶，盛着各色各樣已經煎過的萬蘭產的藥草，都是有療治我們沉疴効力的。他又用一條油布（或譯毯子）蓋着我的全身，只留頭部露在外邊。房內放了一隻大火盆，煤火熊熊，火中有幾隻三十磅重的大鐵球，燒得通紅。醫生隨後就用火鉗取出鐵球，丟入那隻藥桶之中；於是發出滿屋濃煙。霎時藥臭刺鼻，又熱又悶，害得我死去活來。我想能忍耐住這種治療方法的病人，怕是百不得一。待熏治的手續完畢，醫生把我放在一張蒲蓆上，吩咐兩個黑色的土人將我連人帶蓆擡出房外，那時我自覺祇是奄奄一息了。如是被他熏過幾個星期之後，對於藥煙的悶熱氣味，我就逐漸能勉強忍耐了。隨後，由勉強忍耐而到加勁抵抗，於是就覺得身體壯了許多。再後醫生在燻治以後，又用土油（*Oleo Terrae*）抹擦我的兩脚，同時他又送來兩杯苦白蘭地酒或蛇木，混着别種藥草所煎的汁給我吃——經過這樣種種的方法，我終於被他治愈了"。(註九)

土油（*Oleo Terrae*）是什麽？說來不免費解。原來爪哇土人發現煤油甚早，遠在歐人未到南洋之前；當時是些滲透地面的油液，被他們取來用作藥物的。因爲是從土上取來的，遂有"土油"之名。在馬來語中稱爲 Minjak（油）tanah（土）；*Oleo terrae* 乃是 Minjak tanah 的拉丁譯名。以前潘夏斯的著作裏也提到煤油的用處，他說這種藥是由蘇門答臘運來的；又說過若是用牠"塗在疼痛的瘡上，病人便感覺異常爽快"等語。

蛇木的學名是 *Strychnos colubrina* 及 *S. Nux-vomica* 或 *S. Tieute*，中文的標準譯名是"番木鼈子"，製爲藥劑，有興奮，張心和健胃等效力。並且因爲牠能刺激中樞神經系，故常用以治麻痺，癱瘓和中風等症。

若就目下對於腳氣病的知識所及的程度而論，牠的起因完全由於食料中缺乏乙種活力素（Vitamine-B）所致。至於身體的變化，就病理的解剖上約略可分爲下列四種；這是東印度公司時代的醫生，完全所不解瞭的。

甲、 神經變性——變化輕的僅限於少數纖維，重的則神經幹部完全破潰，甚至脊髓後部的神經節和前角細胞也起有同樣的變化，有的骨骼肌萎縮削瘦。

乙、 心臟肥大——右心肥大特別顯著，有變性成玻璃狀的，也有變性成脂肪狀的。

丙、 水腫——輕者僅在脛骨前部，重者全身呈現水腫，而起失調（ataxia）和肌肉消失反射的作用。

丁、 腹部內臟鬱血，胃和十二指腸黏膜往往出血。

（註一） 見大英百科全書 Beriberi 條。

（註二） 信中原句如下：

Edele ernfeste Heeren Myn Heeren de Bewinthebbers der Generaele Vereenigde oostindische Compagnie.

Hier regneert onder d'onse een plaege genaempt beribery waer van sy worden geheel Impotent van handen en beenen.

Hiermede

Ed. ernfeste Heeren Myn Heeren bewinthebbers wensche UEd alle een geluck salich lanck leven en my een goede voorspoet in dese saeke Actum int Casteel nassauw in Banda den 18 July 1611.

Van U Ed. Dienstw.

Pieter Bot Pieter Both.

譯文"東印度公司列位總監先生閣下。這樣我們的人民患一種脚氣病，手足衰頹無力，痿靡地不成樣子！並祝列位先生百事如意，進步無疆。一千六百十一年七月十八日卜思發自萬蘭拿少武炮台"。

原信現在海牙，附圖六係豐·如梅氏（Von Rœmer）所攝取的。信尾有二名，前者係祕書所寫，後者係卜思的簽字（見圖六）。

（註三）東印度境內年分雨旱兩季，自本年九十月至下年三四月爲雨季，自四五月至八九月爲旱季，無春夏秋冬之别。

（註四）見 *Onderzoek naar den Aard en de Oorzaak der Beri-Beri en de Meddelen om die Ziekte te estrijden*，Utrecht 出版，1888，P. 5.

（註五）見 Marshall：*Notes in the Medical Topography of the Interior of Ceylon*，P. 161，London 1822.

（註六）見 Pract. *Essay on the History and Treatment of Beriberi*，Madras 1833.

（註七）見 Leroy de Mericourt：*Dictionnaire Encycl. des Sciences Mé'd.*，1868 版，P. 129，'Beriberi' 專條。

（註八）皮叟氏刊行的拉丁文本中，有如下的兩句，未提及水腫：

"Affectus quidam admodum mole st us, homines Infestat, qui ab incolis BERI-BERI (quod Ovem sonat) vocatus Credo, quia, quos malum istud invasit, nictando ge nibus, et elevando caura, tanquam oves ingrediantur"

（註九）見英文譯本的 Fryke & Schweitzer: *Voyages To the East Indies*，中文有黃素封姚楠合譯本名十七世紀南洋羣島航海記兩種，惟荷蘭文譯本與英文譯本，此段大有出入，參見中文譯本的素封案語。

PENJAKIT POEROE ATAU NAMBI (FRAMBOESIA)

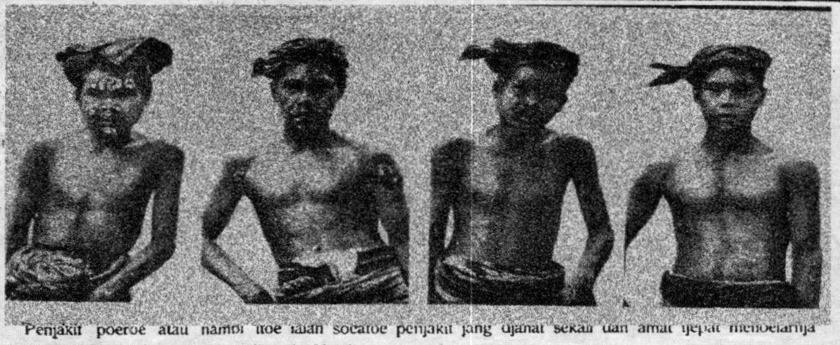

Penjakit poeroe atau nambi itoe ialah soeatoe penjakit jang djahat sekali dan amat tjepat menoelarnja diantara anak' Boemipoetera ditanah Hindia.

Lihatlah pada gambar ini, betapa roepanja orang jang dihinggapi penjakit itoe, tentoe toean' soedah banjak melihat orang jang kena penjakit itoe.

Soenggoehpoen penjakit itoe amat djahat, sehingga dapat mengoebah moeka orang dengan moeka jang seboeroek-boeroeknja, pada waktoe ini ta' oesah ditakoeti lagi, sebab toean' jang ahli tentang obat – obatan, telah mendapat obat poeroe itoe. Dengan obat itoe banjaklah soedah orang berpenjakit poeroe mendjadi semboeh dan roepanja kembali sebagai sediakala.

Lihatlah pada gambar jang seboeah lagi, betapa roepanja anak jang sakit itoe setelah sepoeloeh hari diobati dengan obat itoe. Boekankah amat berbéda roepanja, pada hal anaknja itoe djoega. Demikianlah mandjoernja (moestadjabnja) obat itoe, sehingga dapat menjemboehkan siapa djoega, jang dihinggapi penjakit poeroe.

Barang siapa jang dihinggapi poeroe dan ingin hendak memakai obat jang moestadjab itoe mintalah keterangan kepada kepala' negeri ditempat ia tinggal atau dengan segera sadja meminta pertolongan kepada dokter.

ڤڽاکيت ڤوروا اتو نمبي

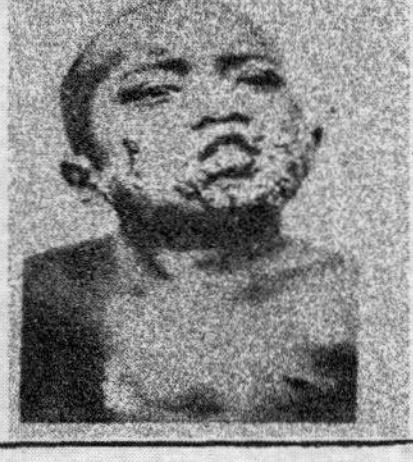

[illegible]

圖七　爪哇熱帶莓瘡的宣傳布告。

（圖中左方爲患者，右方爲治愈後情形）。

第五章

潘夏斯和熱帶莓痘

潘夏斯名著 *Methodus Medendi* 的第十九章中，有關於熱帶莓痘的記載，且言之頗詳。這種病目下在爪哇還很多（圖七），土人稱之曰 Penjakit Poeroe，學名 *Frambosiaatropica* 潘氏說：

“在安汶島(Ambon)上，尤其是在摩鹿哥羣島，土人患一種腫瘍而潰爛生膿的惡瘡，吾輩歐人叫牠做‘安汶痘瘡’”。

又曰：

“在安汶島上，尤其是在摩鹿哥上，土人生了一種普通的病，患者的症候和“西班牙痘瘡”很相似”。

他又說：

"安汶痘瘡和西班牙痘瘡不同之點，就是西班牙痘瘡多由男女交媾傳染而生，安汶痘瘡就是沒有男女的關係也可以傳染。這種病的症候，最初在顏面和手脚上發生硬厚的疽瘩，甚而蔓延周身，每個疽瘩好像我們脚上生的鷄眼或手上起的肉疣一樣的硬。後來慢慢地腫潰化膿了，遂流出一種性黏如膠的液體，這種東西的傳染性極強。內部的膿汗流出了，就變成一個盂形的瘡，中間的膿管甚深，瘡口的肌肉硬如角質。這一種很骯髒而且很怕人的疾病，眞是十分地活像西班牙痘瘡，只有不如西班牙痘瘡那樣痛楚而已。並且，在患者，若不是由於醫生的疏忽療治，他的骨頭也不像患西班牙痘瘡者那樣容易變形和瘍爛"

潘氏在上文所說的"西班牙痘瘡"(Spanish pocks)就是我們今天的花柳或楊梅瘡(Syphiloma)，爪哇島上一般人所叫的"女人病"(Sakit perampoewan)。女人病是由於一種名叫 *Treponema pallidum* 的微生物作祟而起的，牠的形狀是線狀的螺旋體，現尙不能決定其究爲動物抑植物——但多數動物學家是把牠列入原生動物門（Protozoa）的。熱帶莓瘡又名"莓狀腫"，歐美人稱牠做 yaws，是一種皮膚傳染病，牠的媒介菌叫 *Treponema pertenue*，和上述的花柳病菌是相似的微生物。此病雖早在 1629 年就見之於潘氏的著作中，可是牠的病源菌到 1905 年纔由佳斯德蘭尼氏（Aldo Castellani）所發現，(註一) 距潘氏生時已三百餘年。

熱帶莓瘡蔓延性最大，在時間上考不出牠發生的初期，在空間上牠幾乎佔據了熱帶和副熱帶的區域。在東印度境內，大家相信牠是由於居住在濕熱窪地而起的一種疾病，可是以前爪哇島上文魯羅梭（Wonosobo）一帶高地的土人，竟有80%—90%生這種瘡的！

自"六零六"(salvarsan) 發明以後，熱帶莓瘡纔有治療的方法。後來"九一四"(neo-salvarsan) 發明了，東印度衛生部的豐·海夫登（van Haeften）倡議用牠注射，所得功效極著。從此"六〇六"和"九一四"乃成爲熱帶莓瘡的救星。

據東印度政府衛生部藥劑室的報告，最近八年間所發散九一四的量數及被注射的人口數，可約略表之如次：

年代	九一四量(瓩)	治療人數
1920	18.9 Kg.	63,000

1921	33.7	,,	112,000
1922	127.9	,,	427,000
1923	152.5	,,	508,000
1924	187.0	,,	625,000
1925	232.4	,,	774,000
1926	252.1	,,	840,000
1927	219.1	,,	731000(註二)

潘夏斯先生在三百年前就比較出莓瘡和楊梅瘡的異同，前文已舉例爲證；不料他死後三百多年竟發現這兩種病的媒介是同科的病源菌——*Treponema pallidum* 和 *T. pertenue*，而療治的藥劑又彼此相同！這一段所說的療法，雖不屬本篇所討論的史料範圍，但由此可知潘氏眼光的高超，是高人頭地的！

(註一) 請參閱 Castellani: *J. Ceylon Branch Brit. Med. Association*, June 17, 1905.

又 Castellani: *Journal Trop. Med.* (1906) 9, 132-134.

又 Ashburn & Craig: Observation upon Treponema pertenuis Castellani of Yaws and the Experimental Production of the Disease in Monkeys, 載 *The Phillippine*

Journal of Science, B. Medical Sciences. Vol. II, No. 4, (1907), PP. 441-67.

(註二) 見東印度衞生部出版的 *Control of Endemic Diseases in the Netherlands Indies*, 1929, Welteoreden, PP. 61-64.

第六章

東印度的大痲瘋

在東印度研究大痲瘋的第一位醫生是拉耐(Willem Ten Rhijne)，他在 1647 年生於荷蘭之地文德 (Deventer)，受業於佛蘭克 (Franker) 和萊登二大學，二十一歲畢業，1700 年 6 月 1 日死於吧城，時年五十有三。

拉耐氏名著爲亞洲的痲瘋 (*Verhandelinge Van de Asiatische Melaatsheid*)，1687 年刊行於阿姆斯特丹，在當時爲討論熱帶病理極有價值的著作。

以前，潘夏斯氏(Jacobus Bontius)在他所著的 *Methodus Medendi* 中，並未曾提出痲瘋的名子，僅認爲是土人稱爲 Courap 的一種水泡疹。五十七年之後，拉耐對痲瘋有詳細敍述，儼然握當代痲瘋學之權威。請讀拉耐氏下文:

"這種病當初最重要的徵候，一面部浮腫，二行動遲緩,三手脚各處感覺错亂(Paraesthesia),四筋肉萎縮,特别在手掌和足底,五手指顫動,及全身發生紫斑,到最後階段,則病成矣。

"也有時病家的皮膚只現紫斑,並不發生浮腫現象的"。

"身體上易受痲瘋傳染的部分,爲面部和手足,尤以關節上的感染性最甚,病再重則傳到耳垂,先腫後硬,最後也生紫斑"。

拉耐氏又説:

"土人最沈重的痲瘋的特徵,卽面部浮腫,似發亮光,皮膚上有結瘤和水泡,這些結瘤起初色紅,漸由深紅而呈紫色,最後作棕紫色,肌肉亦漸變硬,於是滿臉糊塗,十分難看;尤其是鼻孔忽然加大,內部擁塞不通,如花柳病患者之現象然。故患者常用鼻孔呼吸者,至此時乃大窘"。

"在這些痲瘋症患者之中,其面部肌肉雖萎縮,但外皮卻較平時緊張,此種衰頹現象,由面部漸及四肢,各關節中發生膿汁,形成惡臭而沉重的膿瘡;內部骨塊,因而變態"。

拉耐還說過:

"痲瘋病者的知覺慢慢痲木,到後來就是用針刺入肌肉至一二寸之深,他也能處之泰然。若一個人受了傳染之後,他的口鼻和咽喉的黏膜就發生粒狀腫斑。至於足掌,脚跟,手指和肘尖上的瘡,不僅向外潰爛,破皮流膿,且向內發展,害及肌骨;當潰爛時,四周肌肉變硬隆起,知覺全失。據我在診斷上的經驗,就是把這裏肉挖去一塊,病家絕不會感到絲毫苦痛的。倘若病家睡在爐旁,爐火燒焦全腿,也不會醒的。關節和四肢完全發生瘡後,全身的筋和靱帶都鬆弛萎縮了。及膿汁流出太多,有時足趾和手指會一個一個的脫下來"。

"病家的眼睛呢?眼球的白色部分變作黃色,眼球轉動不靈,球外發生紅色雲翳,眼臉變硬;患者的眉毛脫落,頭髮也落得淨光"。

拉耐氏對於此點,說的特多,因爲在吧城的醫院裏有人說過:"若是痲瘋家的頭上生着頭髮就是笑話"。又說道:

"患者的手指甲和足趾甲硬而無色,有的變形,有的完全脫落"。

"及患者的肺部受了痲瘋毒之後，他說話的聲音就變得粗硬了"。

"慢性痲瘋病若是變成血痢，便中帶膿，泄瀉不已，便成絕症；因爲到了便血時期，不僅血肉潰爛；卽內部腸胃也潰爛了"。(註一)

拉耐氏在當時旣握亞洲痲瘋學的權威，名噪一時，1674 年日本天皇要求東印度公司選派名醫來日本診病，拉氏被選，這乃是荷蘭東印度醫學史上最引人注目之一頁。(註二)

由上邊拉耐氏的記載中，我們知道他所說的患者失卻感覺，雖穿針達骨，不覺疼痛，那是結節癩 (*Lepra tuberosa*) 的現象。全身發水泡疹而含有黃色膿汁的是痲痺癩 (*Lepra anaesthetica*)。至於患者起高度的潰瘍，甚至有脫落全部手指和足趾的，乃是今日名叫切斷癩 (*Lepra multilans*) 的症候。

* * * *

痲瘋不是遺傳病而是一種傳染病，這是已經決定了的事情。牠的病源菌名叫"癩桿菌"(*Bacillus laprae*)，是在 1880 年由憨息氏 (Hansen) 所發現的，牠在顯微鏡下的形態，和對酸類的反應，可說是和肺痨菌彷彿。只因爲這種菌還不能試行純粹地的培養，所以也不能用牠從事於動物注射試驗。在研究結核時，可先培養結核菌，而後接注於天竺鼠的身上，使他們盛染"人的結核菌"，以便從事於病理上和治療上的實驗。但在痲瘋，既不能培養病菌，又沒有適用於試驗的動物；雖有人將痲瘋結節植入猿身，可是不一定就會發出這種病的。因此痲瘋的研究還是醫學界有待研究之問題之一。

痲瘋菌是經過什麼樣的途徑而傳染的亦無人知道，因爲這種菌在患者的鼻涕中最多，所以一般醫家認爲這種病是從皮膚或鼻道黏膜而侵入人體的。

到今天東印度境內的痲瘋患者可說很多。有的地方，因爲患者長期的居住，逐漸蔓延，使得附近村舍變成嚴重的痲瘋區域。據政府衛生部的調查，有幾個區域的患者竟佔全人口的百分之一或 1.5%，直打破全世界的紀錄。

東印度衛生部曾訓令全境醫生，凡遇有痲瘋病家必須立時填表據實呈報。這樣調查的結果，發現東印度全境內患痲瘋者至少有五萬人。還有一件稀奇的事，就是白種的歐洲人最易受其傳染。差不多一千個白種人中，就有一個長大痲瘋的。南洋的華僑和土著，其患痲瘋的百分率是絕對沒有白人那樣高的。

（註一）詳見 J. H. M. van Dorssen: *De Lepra in Nederlandsch Indië tijdens de 17e en 18e eeuw*，載於 *Geneesk. Tijds N. I.*，Vol. XXXVII，1897.

（註二）據日本醫學博士文學博士富士川・游氏的考證，謂拉耐於 1673 年來日本(見 Dr. Yu Fujikawa: *A Brief Outline of the History of Medicine in Japan*，載 *Scientific Japan–Past and Present*，Tokyo，P. 234.)。惟據荷蘭豐・汝梅氏的考證，則拉耐來日本的年代爲 1674。他說："(拉耐) 於 1674 年一月二十一日乘丹乃底號船抵吧城，他是在1673年一月間伴同五位醫學博士，受東印度公司之命由荷蘭赴日本服務的。拉耐氏之被選，一來因爲受亞姆斯特丹著名醫生的重視，二來因爲他還未娶妻"。(見 L. S. A. M. von Rœmer: *On the Influence of the Netherlands on the Development of Medical Science in Japan*；最後一句，係 Rœmer 轉錄自 Pop: *De Geneeskunde Bij het Nederl. Zeewezen. Gen. Tijdschr. v/d. Zeemagt*，1869，Note. P. 35)。茲從汝梅氏說。

第七章

東印度公司著名醫師事略

（海上的傷寒和壞血病及其他）

現在我想介紹東印度公司所聘請的幾位學博術高的醫生，除潘夏斯氏（Bontius）已介紹外，現再舉出四位，一方面略述其履歷和貢獻，同時把他們在海上所見的症候，也附帶加以敍述。

第一位我要介紹的是秀籐（Wonter Schouten）。秀氏於1639年生於荷蘭之哈連姆（Haarlem），1702年死於該處，畢生精力都消磨於東印度羣島。他說過："有兩種說來不同而實相關的希望迴旋在我的腦海裏，纔促使我這個不滿二十歲的青年，飄泊到遠遠的東印度。這兩個希望，第一是遠遊，第二是想找一個機會特多的地方，來實地運用我的醫學知識，而求得可靠的經驗"。

這是促使他遠遊南洋的動機。

秀籐在南洋一共住下七年，到 1665 年纔回歐洲。其間他的足跡遍南洋各島，更旅行過中國和印度。歸國後著東印度遠遊記一書，現仍刊行。(註一)

秀籐氏在 1658 年 9 月乘"新港號船"(Nieuwpoort) 旅行南洋各處，中途曾發現疹子傷寒 (*Typhus examthematicus*) 的病，死亡甚衆。秀氏記述此事極詳，因摘譯如次。當時醫家稱疹子傷寒爲 *Febirs putpida* 或 *petechizans*。秀氏說：

> "啊喲，不好了，良辰美境，霎時去了，船上忽然發生一種急性的傳染病，眞是令人望而膽寒。水手們凡傳染着的，多是在三四十小時之內絕了氣。命根子長的也不能支持到六十點鐘之上。我們之中粗壯勇敢的人都病倒了，祇有以前曾患過這種病的，此時得以幸免。多數患者發起大熱，燒得狂叫譫語，宛如瘋人一般。他們身上生着瘡泡，橫痃和紫斑，好像患鼠疫的病候一樣。有的病家鼻血直流，但病情絕不見輕。又有人嘔吐或發生極厲害的腹瀉，但亦無法促起呼吸和止瀉——終於由精神錯亂，神志恍惚而死。這種

病眞是太危險太厲害了！死者的口裏、唇上、舌面、喉內和上顎都滿佈黑色瘡痂，祇是這種東西也足以把病人悶死了。患者口內瘡是無法治療的，有的人在呼吸迫促時，就悶得想自殺，只要面前有條繩子就摸來動手了。若不是我們在旁監視着，恐怕因病自盡的案子要鬧出好多件！"

"再看死過的人，幾小時後就口流泡沫，屍體上青一片紫一片的潰爛，還有全身起水泡的，更有惡臭不堪的黑色排泄物。"

"接連着在幾天之內，我們失去三十位同伴，計有水手、書記、護士、官員和我的好友。還有一位少尉候補員，出身富家，病得十分沉重，當看護的人離開他的病榻為他拿茶的時候，他就跑上舢板跳下海了。我們立時停船去撈，但在汪洋大海裏怎能找出這一個人呢！"

"我們留下沒死的人，中間為這些可憐的朋友們忙到廢寢忘食。結果上天留給我們每人一條活命。上天呀，我們要怎樣感謝你的盛德呀！"

1743 年 3 月 17 日由荷蘭太克塞（Texel）開往科倫波

(Colombo)的鴨堡號(Het Hasteel Van Woerden),共載水手 275 名,途中逆水頂風,又加上船員發生傷寒兼壞血病,到翌年 9 月13 日纔達目的地。共航行十七個月又二十六日。後來船長寫給別人的信上說,"我們所處的情形,其痛悲可憐的程度,實非文字所能形容,僅就船員死亡的數目之多而論,已可見一斑"。船員死了多少呢?275個人只剩下35人!以百分數表之,就是死去全數的 87.2%!

秀藤氏又是記述腫腳症的第一人,秀氏稱爲"馬都拉腳"(Madura-foot),拉丁文叫 *Myceioma*。東印度遠遊記第三册第十六章第 277 至 278 頁有曰:

"在馬拉巴 (Malabar) 的土人中有很多男女自幼卽患一種腿腳腫脹的症,還有生下來就有這種病的。患者初由膝部向下臃腫,卽笨重不良於行。患者中最重的,宛如象腿的大小。據我個人的意見,這種病源一來由於熱帶氣候的潮濕,二來因爲他們在夜裏貪食生冷的水菓。

"耶穌教聖多馬斯派的信徒說,這些患者乃是以前曾反對過聖多馬斯者的後代,他們被判定要受這種病魔的痛苦的"。

這種解釋雖是太過玄虛，可是他在腫脚症的文獻上總是第一個人了。

對腫脚症能作更詳實可靠的記載者，要推開爾柏氏 (E. Kaempeer)為第一人。(註二)

開氏稱這種病，爲"聖多馬斯腿"(St. Thomasleg)，此名或由秀籐氏的著作而來。因為秀氏在1658年至1665年曾僑居馬拉巴 (Malabar)，他的著作出版在 1676 年。而開氏來到這裏是在 1688 年。

秀籐氏 (Wonter Schouten) 的著作遺留到今日的，除前述東印度遠遊記以外，還有下列三種：

(1) 1694年——頭部肌肉傷・頭蓋骨縫傷・顏面傷和咽喉傷總論 (*Het Gewond Hooft of korte Verhandeling van de Opperhooftwonden en Bekkeneelsbreuken en van de Wonden des Aangezigts en der Hals*), 1720 年此書重版。

(2) 1700年——上帝爲賢人的撫慰和眞理的計劃而對於公正和平及慈愛所給予音樂般的讚美 (*God Verheerlijkt in Zijne Heerlijkheid,*

Regtvaardigheid, Barmhartigheid en Onuitsprekelijke Liefde tot Troost der Heiligen en de Bespiegling der goddelijke Waarheid, digtkundig Verklaard)。

(3) 1727 年——五十年來診治不自然的腫瘤經驗談(*Verhandeling van de Tegennatuurlijke Gezwellen op reden een Ondervinding door Vijftigjarige Kunstoefenning Bevestigd*)。

第二位醫生我要介紹的是卜卡塔氏(Abraham Bogaert)。1663 年卜氏生於荷蘭的亞姆斯特丹，1727 年 12 月某日歿於此，享壽六十二歲。卜氏原來是一位藥劑師，後被東印度公司的亞姆斯特丹管理局委為首席醫師後，纔在 1701 年 12 月 15 日乘"喔斯麥號"(Vosmaer)航行東方的。途中經十閱月，在翌年的十月間安抵南洋。那時的總督伍德亨氏(Willem van Outhoorn)曾讀過他的一本由東西羅馬皇帝鑄造錢幣的花紋中所見的羅馬帝國(*Roomsche Monarchy Vertoont in de Muntbeelden der Westersche en Oostersche Keizeren*)，因此知道他除爲醫藥學專家外，還富於政治經濟的思想，遂另委他到海關檢查局任事：自是卜氏遂得漫遊南洋各埠，計足跡所至，有孟加拉、錫蘭島、馬拉巴 (Malabar)，馬都拉(Madoera)和摩鹿加羣島，更於 1690 年旅行暹羅。

卜氏於 1706 年回荷蘭，道經好望角稍停。曾著亞洲東部航海史跡（*Historische Reizen door d'oostersche deelen Van Asia*）一書行世，此外尙有戲曲，詩集，譯文和考證共十五種。其中有的脫稿於南洋，有的是在他的本國做成的。總之，卜氏是一位淵博深沉的學者，在東印度公司所僱的醫生中，最高尙而且最能幹。

卜氏有段記述船上壞血病 (Scorbut) 流行的情況，描寫的淋漓盡致，玆亦譯錄如次：

"我們的船現在航行到南緯十六度的地方。那種和我們海員有不共戴天的仇恨的普通疾病，又開始向我們襲擊了——這乃是衆人熟知的壞血病。不過這次侵擾的情形，比之第一和第二兩次，在海上時所見的，可說稍微輕些。前兩次幾乎船上所有的人都被牠嚇昏了！這種病是由全身的營養不足而生的。初起於腹部下半，乃由胃及腸管的乳糜腺 (Lacteal glands) 發生病態，旣而惹引肝和脾的疼痛。海員長途飄海，飽受乾燥沉悶的海風的侵蝕，鎮日吃着極鹹的食物，又缺少清潔可口的茶水，並且胃內及腸內的水分接受過量的黏液分泌（Mucous Secretion），於是其中酸性逐天增加。又因爲飲水太少，鹹的口津咽下太多，再加上濃厚的酸性膽汁，所以腸胃中因而受病了。患者起初齦內腫脹，繼而變黑潰爛，現在我們海員的腿上多起些紅紫的斑點，逐漸往上蔓延；接着發抖，活動不靈，呼吸困難、呃逆、發熱、咳嗽、頭痛、心悸、胸隔緊張，及四肢痙攣等症。一個患者並不是同時發生這一切的症候，因爲只要幾件就足以致他於死命了。當這些病家在船上遇着醫生的時候，只有淚眼慘然，在呼吸迫促中，等着命運的支配。這時我覺得只有'家常便飯'纔可治療他們的疾病，任投何種藥石都不能奏效的。但是在茫茫海洋之上，那裏能得家常便飯來吃呢！"

卜卡塔認爲青菜(Spoon-Wort)是調治壞血病的良藥，他說："只要天然成分還未失掉"的青菜讓他多吃些就會醫好"。

這種單方是以前羅馬作家普林尼氏 (Plinius) 說過的；我認爲那時的羅馬人是常用青菜來抵抗這種病的。

在這篇記事文的最後，卜氏寫着"若是海程太遠，大家所吃鹹的食物太多，這病種一定猖獗起來，什麽藥都沒有效力。任憑你哭呀、喊呀、祈禱呀，都不寬解你的苦痛"。他接着又說：

"那船在荷蘭國討論救治壞血病的醫生，大放厥詞，都無補於實際——最好讓他們來到船上親眼看看病人們：牙齦肉腫脹得突出唇外，成爲黑色肉塊，上顎蓋上生滿潰瀾的肉瘤。你今天用手術割去，明天牠又會照樣生出來。瘡頭上紅腫破爛的怕人。這種病人，一到岸上，吃些青葉的菜蔬，便會慢慢痊癒，比那般專門空想的醫生所發明的任何種藥劑都要靈驗"。

這幾句話是可以做那羣坐在安樂椅上專門吹法螺的科學家一個當頭棒喝罷！

卜卡塔有一次停泊在普里穆斯 (Plymouth) 的海口，那時適逢威廉第三 (King-Stadtholder Willem III) 的屍體舉行解剖檢查，關於這件事，也有下邊一段詳明的記載，玆再譯錄如下：

"屍體解剖經兩日之後，驗得死者鎖骨挫傷已愈，在腹部、陰囊及大腿肉之內，均不發現有水存在；右肺葉與肋膜連接處，已生炎而變形——此乃急速致死的原因。腸部一切無恙，右腎已停閉，腦部健全，心房發育過大，且生有血瘤（醫生叫做 Polypi）；全身血液太少——在其肺部所發現的血，幾比其他全身之總量爲多。"

這幾句話是外行人所絕對說不出的，況且還當長途航行的途中；由此可以推斷卜氏醫學的素養了。

第三位是柯拉夫氏（Nicolaus Graaff），他的生死年月不詳，大概不出十七世紀。他出生於靠近埃格蒙特（Egmont）的海上，生平著有亞非美歐四洲航海記及東印度紀實（*Reysen Na Asia, Afrika, American en Europa, Mitsgaders Syn ost-Indise Spiegel*）一書，膾炙人口，曾博得讀者的贊揚。下邊一段是他記述他在 1639 年的想像，玆譯如次：

"當我在荷蘭的亞爾馬（Alkmaar）跟隨考畢氏（Yebrand Coppier）定約行醫滿期之後，旅行世界的思想，便佔據我整個的靈魂 因爲那時每天聽得別人談論海外的奇蹟，我又想趁着遊歷來增廣我的醫學經驗；並且這種經驗，是必須到大醫院或大外科手術室，或參加海陸上的大戰爭纔能得來的——因爲唯有在這些環境裏，纔會遇見奇難大症和割治危險重傷的機會”。

柯拉夫的宏願後來在服務荷蘭印度公司及省長公署的48年中，竟完全達到了。1658 年他到吧西參與諾威戰爭；1665年至 1667 年又參加第二次英國戰爭；事後他曾將親身的接觸，活潑潑的敍述出來。最後一次航行南洋時，曾到過中國和摩鹿加羣島，於 1687 年回到荷蘭。柯氏書中敍述壞血病患者，在船上吃老鼠的一段，可以指示當時航海中生活的艱苦。他說：

“因爲我們許久沒有什麼點心吃了，同船的海員每晚拿着捕鼠器和活繩套去捉老鼠。他們把捕得的老鼠，先剝去外皮，截斷頭尾四肢，挂在桅桿上露過一夜，次晨就加上水油酒香料和米一同煮熟，再放在平鍋裏炒過，然後分送各位‘患壞血症’的病人。這是當時最上等的食物了。據說滋味還不差”。

關於那時航海人員，在海上的健康情形，他在 1640 年說

過下邊幾句話:

"最後我們的船航過了天球赤道(晝夜平分線),那時全船的水手都叫苦連天。其中多數都患壞血,瀉痢或水腫。那些發熱和頭痛的人,都開始發狂了。無論船上的醫官亨英先生 (Willem Van Hoorn) 給他們什麼藥吃,都無絲毫的轉機,並且病症日重一日。結果多數水手死了,不死的就呻吟叫苦。當時船上生病的人,都在發狂,有兩個病重的水手跳海死了,還有一個纔爬到艙門口,被我們捉回來。從此我們就把一部分的病人,用繩繫在牀腿上,加意看守,免得各萌短見。船上的衞兵中,有一個病得不能忍耐,在胸部用刀砍了七次,立時殞命。患壞血病者的牙齒從口裏一個個落脫,牙齦肉腫得突出脣外,黑而腐臭。我們每日要替他們割洗,其他各人的膿瘡也是我們每天要處理的"。

柯拉夫對於當時東印度公司大小職員的祕密行爲,深致不滿。他說有一次公司運往日本的貨物,還比不上他們的私貨價値爲大。他又批評那時在南洋的荷蘭女人,說她們除了打扮以外，什麽都不懂。這些事本不關我們問題的本身，附帶說起，姑作一個笑話而已。

（註一） Schouten: *Oost Indische Voyagie*, Amsterdam.

（註二） 見他的 *Amoenitates exoticae*.

第八章

霍亂（虎列拉）

霍亂（Cholera）這個名詞，在南洋的醫學文獻上，幾百年前就被潘夏斯氏（Jacobus Bontius）用過了。

潘氏在他著的 *Methodus Medendi* 第六章裏，他用了一整章書來述說這種傳染病。此外他還向他的內兄弟說過："我的第二個妻子吉蘭地（Sara Gerardi）在 1630 年的 6 月 8 日患了虎列拉，是和歐洲所發生的黑死病（Plague）彷彿的症候，當時猖獗的流行在這裏。"

他在那章書裏，又繼續敍述虎列拉說："虎列拉這個病症，是由膽汁和熱性的東西，損傷了腸胃而起的，於是患者就大吐大瀉起來。這種病症，因爲太兇了，所以要細心地每天用藥去調治。人當初染這病的時候，身體的外表像似很健強，體內好像是不應停留那種毒物的；不過在大吐大瀉之時，這人就要耗盡全身的活力和精神，所以在二十四個鐘點之內外，他就死掉了。譬如醫院內一個名叫如英(Cornelis Van Royen)的看護，就是這樣死掉的。這個看護在晚上六點鐘的時候，完全是一個健壯的人，可是一染上虎列拉之後，就在當夜十二點以前，活活地大吐大瀉而死了。我們曉得，人體裏面的液質是保持生命的必須物，而心臟是體溫來源的所在，可是這種病症一起，就把人體裏面的液質大批吐瀉而出，把心臟毀壞無遺，因此立刻死掉。這種病症因爲來得快而且兇，所以一般藥品，都來不及救治牠。患病的人若延長到二十四點鐘以外，似乎尚有可救的餘地；可是最感痛苦的，就是脈搏虛弱，吸呼困難，四肢殭冷，焦渴而鬱鬱未寧；尤其是神經劇敏，而不能得到一刻的寧靜，更是難過。這個時候若殭冷過劇，臭汗不減，就離死期不遠了。'

這一段的描寫，雖不完全，可是他已竟把病況寫得生動如畫。不過在旁的地方，他又寫着："這島上的人叫虎列拉做'木得習'(Mordeci)，他們都非常怕牠，好像怕'荷蘭黑死病'一樣，因爲一患了這病，就在幾點鐘裏會死掉的(de lapide porcino in de Annotationes)。"

思美齡(Semmelink)在他著的1817年前荷蘭東印度虎列拉史(註一)一書上，他這樣寫着："就潘夏斯氏的意思看來，好像吐出這種大量的膽汁狀的物質，並且祇是吐瀉出這些東西，是應當有的症候似的。但是照我們意思看來，這種吐瀉物，和'亞細亞虎列拉'（*Cholera Asiatica*）的病人所排洩出的無色像米汁的液質是不同的，潘氏的話發生了難題。"

思美齡的書，是 1885 年在荷蘭烏得勒支（Utrecht）出版的，同時也有法文譯本，乃是一本很重要的書。

最奇怪的，就是思美齡的結論和安那斯來（Annesley）的在 1825 年出版的印度最流行的病症雜記（註二）上的結論一樣。

安那斯來氏在他的書中第 11 頁上說過："關於虎列拉在古代印度流行的情況，我們實在找不出可作證據的史料了"；並且"現在所謂虎列拉在某一地方或某種季候而流行時，乃是指那個地方或那個季候，或那時空氣層的變化，必與此病的發生有關；或者說這個境地的人，在這種時節和氣候之內，便成爲發生那種病的原因；並不是指那種離奇或神祕的原因而言的。我們現在對於這種風土病的知識雖然還不完全，可是那種鬼鬼祟祟的神祕的解釋，已是不可置信的了"。

他在第十六頁上又說"霍亂在 1817 年發源於印度的孟加拉（Bengal），"又在第 24 頁上說："在孟加拉所流行的霍亂，是大異於在東印度所流行的；據在 1817 年以前觀察所得的，則這種異點，不但在程度上的不同，而且在種類上也是不同的。"

在 1825 年出版的吧城文學科學會會報(註三) 第十卷上載有孟加拉清思馬 (Chinsmah) 地方官醫福斯氏 (Jacobus Reinier Vos) 所發表的一篇文章，題目是 1817 年來孟加拉所流行之霍亂病的始末。這篇文章開頭就說"霍亂僅在熱帶地方流行，在印度斯坦 (Hindusthan) 南部，每年乾季和雨季時期都有發生。照一般人所言，這種病在 1817 年以前是不會傳染的；就是傳染範圍也並不廣大，所以人家沒有注意牠"。

1817 年大家都認爲是霍亂遍佈全球的年關，可是潘夏斯所親見當地發生情形，不像那年的兇猛。安那斯來氏 (Annesley) 在他所著的書上，曾說過"前輩醫家潘夏斯雖然特別述及霍亂，可是還未把霍亂當做一種傳染病看待，他在敍述時，僅視爲罕見的病害而已，要和現在 (1817—1825) 所流行的霍亂比較起來，實不可同日而語。"

這篇文章雖然未能和上述的潘夏斯的文章脗合，(他未曾述及英屬印度的情形) 可是在大體上都不會錯的。

思美齡氏的書，算是一本富有實驗性的史料，雖不免有失實的地方，但在南洋醫史的研究上，終不失爲一本有大價值的著作。

總之，在荷屬東印度的醫學刊物中，關於虎列拉的文獻幾乎多不勝舉，因爲荷屬東印度曾被這種病兇猛地蹂躪過多少次。我們爲節省篇幅起見，只在上面舉出兩三種最重要的報告的名稱，讀者欲知其詳，可以自行查閱。

(註一) 見 Semmelink: *History of Cholera in Dutch India Before 1817*, p. 67.

(註二) Annesley: *Sketches of the Most Prevalent Discese in India*, 1825, London.

(註三) *Transaction of Batavia Society of Arts & Science*, Part X, 1825.

第九章

瘧疾

在潘夏斯先生在世的時候，吧城的地方已有各種惡烈的熱病流行，潘氏在他的著作裏面，有這樣一段的描寫；他說：

"在東印度所流行的熱病，是從其他的病源而來的，這種病源可以說是繼續發熱症或一種混熱症(*Synochi*)，由一種積漸虛弱的作用而來的。

"有一次發現這樣的徵候，惟細情已記不清楚。好像是一種每日、間日、四日的定期熱症。這是從荷蘭和其他病症而同時傳到這裏的。這種病一直令病人浮腫而至死。

"又有各種很沒有規則的熱病， 一點規則都沒有，要想尋出規則，那這人非有像歐特巴斯(Oedipus)(註一)同樣的頭腦不可。三日的熱症，在這裏很少發現，然而並不是沒有。--提及連續的熱症，那末我們要怕死了；牠襲擊人們之險惡和劇烈，好像雷電一般。牠能使人立刻失了理性，而常常在數日或數小時之內就像瘋狂一般地死了。

"這樣的熱病，其症象是惛惛欲睡，吐出各種顏色的黏臭的液體，尤以黄色如膽汁的油狀物爲多，焦渴奇熱，而且殭冷、痙攣，能把人體中的一切活力都破壞了。"

潘夏斯氏所描寫的瘧疾的險惡，是不易治愈的，到現在還是這樣。患者是神經和膽汁方面發生的病，以至於死。

1753 年，吧城有五個外科醫生所作的疾病報告，其中關於隔日瘧和熱帶病的原因，都認爲是由紅血球變形而起。這五位醫生的名子是 J. A. Stier, H. G. Schrveder, S. J. Soual, G. W. Rasche 和 Theodoor Pierson。他們說：

"我們知道了，那些飄遊在空氣中的塵埃和臭屍的污穢粒子，被人吸入體內，結果可以把血中紅色球狀部分，慢慢地變爲菱形。菱形自然比球形佔據的面積更大，所以在血管裏便妨礙血液的循環了'。

這是前人發現瘧疾患者的血液改變的情形，說來雖是淺薄幼稚，然而他們能見到血液改變和熱病的關係，已是難能可貴了。

在東印度公司時代所記載的熱病，大概就是今日的瘧疾——或者可以說"就是瘧疾"。查十八世紀末葉到十九世紀初葉關於吧城熱病的文獻，多稱這病爲 *Febris endemica Bataviae*，牠的意思就是"吧城土風熱病"。由這個名子可以想見吧城當日熱病的猖獗狀態。現在就一般南洋醫學考據家的意見，這種病就是瘧疾！

下邊再舉出一段在東印度公司倒閉不久之後，那裏的軍醫關於這種熱病的記載，讀者不難由此窺見一斑。

1824 年，吧城軍醫處處長力地士（R. Radys）和醫務處處長腓支（G. I. Peitsch）兩人，在吧城出版一本小書，名曰東印度兵士和水手所患的普通胃病的原因的年報；吧城熱病的原因和處置海陸軍醫務員專用書。在這本小書裏，曾描寫 1824 年吧城的熱病。力地士氏（Radys）說這種病的症象是這樣的："吧城的傳染熱病，應該叫做熱帶沼澤性寒熱病或感冒寒熱病（*Fdbris paludesa vel nliginosa*）或熱帶消化器熱病（*Febris organorum degistionis tropica*）更好。"

他們又說：

"這種熱病的症候是這樣的：——傳染很速，傳染之前，不覺得難過（有些病在未着病之前數日，已感得食慾不好或便泌），可是這病一來，就覺得全身冰冷、戰慄；頭暈、眼花，手、腿脚和臀部，大感痛苦，頭痛得好像給東西壓着似的，腹部一部分膨脹，暈眩嘔吐，吐出胃中所有的東西，呼吸困難，焦渴不堪。這樣的病情，大概延續有一刻鐘之久，以後全身微微溫和，接着一陣難於忍受的狂熱，皮膚灼熱，頭痛增劇；若病人富有血質，就要熱得譫語，面部浮腫發赧，神經劇敏，眼睛烱烱，發出兇光，瞳孔變大，呼吸困迫，腹部膨脹狂熱，尤其是憂鬱過敏等等。這麼一來，雖些微痛苦，也難於忍受了。

"嘔吐繼續下去，使頭部和腹部增加痛苦；胃內這時脹大而隱隱作痛，焦渴難忍；舌頭上生上一層白苔；脈搏短迫，皮膚滿被清汗；小便稀少，且作紅色，發熱有時歇及中止。這種的發作，延到五點鐘、六點鐘，或甚至十六點鐘之久。然後有間歇或中止的現象，祇因太過輕微，每爲醫生和病人不能察出。

"這樣的症候，在每次發時都見增加，昏迷也更甚……；焦渴和嘔吐雖然有時停止，可是下腹大增劇痛；脈搏繼續加速沉重，但很少有力的，(當發熱中止時，脈搏也見沉重，下腹也見浮腫而劇痛)。這時排泄已完全停止，若是瀉痢或赤痢的症候，舌面生黃苔，焦渴；若是症象發劇，排泄物一定很臭而且雜着穀氣，下泄或雜着微些的滑液膜和血絲；若是這樣……，那病者不久就要死了。若痛苦太甚，連一個鐘頭的安眠都不能，那末至多到第七日就要死了。若處理得宜，生命或者可以延長，可是能夠延長到十八日的，實在很少。"

從這段描寫中，可知凡是染着這病的人，就少有能保持生命的希望了，可是事實上，並不是這樣的厲害。

"這病的診斷，是隨各種不同的情況而定的；這種病非賴藥不能治愈，專靠自然力是不能奏效的。有時熱雖然停止了，可是 hepar 的增大，而脾中的鬱氣，仍然存在，致慢慢的會生出來崩潰的毛病來。若患者是年青強壯的人，而又得到適時和適宜的診治，就可以治愈；可是若有酒癖，或遭太陽熱力曝曬，或大雨的打擊，及夜間冷氣的聲襲，那病者的血液聚集頭部，便不可救藥了。這就是我們常常叫做'日射病'(Insolatio)的，也叫'猝倒病'(Apoplexy)。或是血液汚積於下腹部，而成爲跛脚或痳痺病；若病者延至數日而不救，或病已侵入下腹部，醫治便更加困難。在十二歲及十六歲間的青年兵士或水手，若患這病，倘再暴飲椰子酒 (Arrack)，就更加危險了。小孩子們患着這種病，也十分危險；老年人患者，若未傷及 systema portarum 則危險較少。富於膽質的人們患着這病——其他類似之病也是這樣——，是必致命的。在潮濕的季風開始和終了的時候，這種熱病更發作得厲害，因爲那個季候中，日淸氣爽，在赤道的地方，太陽熱力達至最高度，植物的潮濕和腐朽物很快放出多量的毒氣來，到處蒸發，因此給歐洲人以很可怕的危險。”

* * * *

治瘧的特效藥是金鷄納樹皮，雖是在 1638 年就被秘魯總督金鷄伯爵夫人 (Chinchón) 發現(註二)，又這種樹種雖是在 1852 年就移植在爪哇(註三)，可是瘧疾在爪哇依然最可怕的風土病之一。1917 年爪哇中部井里汶府(R. Cheribon)有兩個村落，在三四個月裏，平均只由瘧疾死去 11.4%，據人口統計專家的報告，約當按年死亡率(Annual mortality) 的千分之三百！(註四) 東印度瘧疾死亡率的減低，乃是開通溝渠，除去積滯汚濁水塘的結果。

(註一) Oedipus 是希臘神話之一員，通常代替解謎之人。詳見商務出版的綜合英漢大辭典及其希臘神話專書。

(註二) 見拙編科學的南洋 p.406，商務版，定價三元二角。

(註三) 見科學的南洋 p. 409.

(註四) 見 *Control of Endemic Diseases in the Netherlands Indies* pp. 15–32 (1929), Welteoreden.

第十章

天花

1778年，由樊·何京督先生(Mr. W. van Hogendorp)的捐助和委託，吧城文理學會纔開始發起牛痘問題的徵文，——後來纔有種痘的事業。

樊·何京督先生出世於一個荷蘭家庭，他的祖先受卡爾王第七·何京督 (Karel VII Hogendorp) 提拔做大羅馬帝國貴族，他的父母就是王家的舅屬。那個王子就是及士波爾特·卡爾王 (Gysbert Karel) 的父親，荷蘭人很崇愛樊·何京督王，稱他為"三首同盟"(Driemanschap=Triumvirate)之一。"三首同盟"是1813年荷蘭再行獨立時的臨時政府。樊·何京督於1735年6月23日生在鹿特丹，人家稱他做"一個聰明而又有志願的人，可是不過太輕浮而淺薄了"。(註一)1769年，他被選為"荷蘭國會委員"，(註二)任格拉文海界

(Gravenhage)。他的家中不久就成爲貴族及知識階級的集所。因爲投機事業的失敗，迫他跑到東印度公司去服務，以求恢復舛運的時機，這是他當時唯一的出路。別了妻子兒女，1774年他孑然一身來到東印度，當年就充南望（Rembang）的知府，後來在温羅斯峙島（Onrust）充東印度公司的督理，1784年返回荷蘭。他在荷蘭好像在吧城地方一樣地過着知識階級的生活，所以他的名字常常列入吧城皇家文理學會的名單中。

他除寫了許多關於普通問題的文章，又寫了關於天花種痘問題告吧城人民書，(註三) 和兒女種痘後快樂母親的故事(註四)，這兩篇可算是當時提倡種痘的重要宣傳品。

樊·何京督之致力於種痘問題，得斯台基博士(Dr. Jacobus van der Steege) 的幫助頗多。斯台基是吧城醫院(Buiten-Hospital) 的院長，同時也是吧城文理學會的指導員。這人於 1746 年十月生在瀏華頓 (Leeuwarden)，起初充當外科醫生，後來到赫羅寧很 (Groningen) 從名醫哥柏(Camper)學習。1772 年 6 月 9 日得醫學博士學位，1773年攜家室同到東印度充當商務助手；不久就被選爲理事長。他在這裏得到了很多經驗。

他的位置，可說是很合算的，據他的一位朋友的報告，"他在東印度住了 16 年，當 1789 年返荷蘭時，已經有了四五十萬盾的存款。”

他用這筆款子蓋了一所宮殿式的住宅，後來自從 1817 年起王家的事務長就住在那裏。

“他在東印度的名譽，一代傳下一代，是頂好的；當萬丹(Bantan) 皇后患着不可救藥重病時，他把她醫好了；那麼皇后爲報答他的厚意，就把她自己的皇冠脫下來，加在他的夫人的頭上。這頂皇冠上滿鑲着珍寶玉石，而他自身也得到很多的禮物。最稀貴的，還是後來他被選爲亞爾丁總督 (Alting) 的侍醫”。(註五)

1795 年，他被選爲國會的主席，1800 年，他又當過荷蘭的亞洲領土部的職員，歿於 1811 年。

在 1779 年的吧城文理學會的會報第一册中，載他兩篇論文，卽吧城天花的報告：種痘後的天花狀況和種痘時的觀察，(註六) 又吧城種痘醫治天花的第二次報告。(註七)

他在第一個報告書的末段，寫有這樣的文句：

“當我在荷蘭祖國的時候，一方面堅確地承認種痘是很有用的，一方面在這裏（東印度）看見很多土人和奴隸無故死掉，於是堅信指導他們是我唯一的責任，必須用種痘來救他們。我要聲明一句，並不是我爲什麽利益打算，纔在這病疫猖獗的時候來救這般奴隸的。我救他們也並不看他們的職業高尙與否（因爲最窮的奴隸，在我的良心中，和富人是沒有分别的）；我也不要種痘酬金，我眞無意於此；我現在所認爲最大的酬報，就是良心上的快慰，也就是我能夠成爲盡責於社會福利的一員。"

當快樂母親的故事傳佈的時候，有成百個兒童患着這種病，當中只有很幼的一個，爲另外一種病所襲，致不能施種牛痘而死了。後來有了樊·何京督的牛痘演講，又賴了很多牧師和醫生的宣傳，纔慢慢把種牛痘的事情推廣了。

樊·何京督對一般的牧師會演講道：

"可敬的諸位先生，讓我在諸位面前提一個可疑的問題，諸位曉得，縱然按照教條，或諸位本人的見解，這種痘是違背教旨的，可是種痘確有益於社會。

"縱然諸位也許認爲種痘違背了教條，可是諸位不去先明確地證實，而就公開地表示反對嗎？可敬的牧師們！你們不要照顧你們的順民麽？縱然種痘是違背上帝聖旨的，可是諸位不想把你們敬畏上帝的熱情，使牠更有益嗎？

"因此，我可以從諸位緘口不言中，推知諸位已默認了。按照教條，種痘也是對於人類有益。敬畏上帝的人們，請到你們的團體裏去提倡種痘，這不是諸位的天職呢？去鼓勵他們罷！去鞭策他們，把我的意志和他們的意志連合起來罷！

"諸位醫界的先生們！你們天天都存心要治愈兒童們的天然疾病；可是也能讓我來檢討諸位的工作嗎？現在允許我給諸位一個重要的機會罷！種痘時要小心，對於病人要謹愼！你們要常常這樣自勉着！不久以前，在諸位名人之中，有一位說過這樣的話，諸位可以拿這些話當做諸位的座右銘罷！這句話是'最貧窮的奴隸，其愛生之心，和最富的人是沒有兩樣的'。諸位雖然曉得：就是卑下的奴人，也要救治他，不然在最後審判的時候，是要計算的。"

施種牛痘不但在吧城，並且有班納克氏 (Bonneke) 在三寶壠施種，蘇爾門氏（J. H. Schuurman）在馬拉巴施種，在蘇門答臘西岸有維列登高氏（Vredingoor）施種。以上各處，尤以最後一處，所收成效最大，共種痘七百一十四人，其中僅有十三人不效死去。在 1781 年會報第三卷的序言上，有這樣的話："殲滅了整個尼亞史島（Nias）村莊的惡病，差不多所有的人民都死掉了"。

在應徵的文章裏，有兩篇論文，一篇是鹿特丹醫生筆卡爾博士（Dr. Lambertus Bicker）所撰，得金牌獎；另一篇是烏得勒支醫生納蘭博士（Dr. Petrus Matthys van Nielen）撰的，得銀牌獎。這兩個著者都不曾在東印度行過醫，並且都沒到過東印度。他們二人的邃博的論文，都有價值，同時發表在 1786 年的會報上（註八）。

1786 年在萬丹種痘的事情，由一個商人領袖布瀏格爾氏（Jhr. J. De Rovere van Breugel）掌管的。他有這樣的話：

"在這裏，我所以能保持人口數目，就是到兒童間去種痘，這是我採取的最重要的方法。

"在鄉村也有同樣的病疫流行，那個地方的人家，一見到那種病疫的徵兆，就遷居到旁的地方去了。若是國王把他的親生子女開始種痘做榜樣，他的臣子就可依從；那末一般固執的人民纔敢採用。若是開始是妥善的，纔會有順利而成功的結果。"

他又附加如下的註釋：

"當我寫這文的時候，在這裏這種病很猖獗，好像在鄉村一樣。國王兩個兒子都患這病死了。其中一個兒子已選爲王位的繼承人；國王這時把他的繼子，和他的奴隸們的子女，送來種痘，然後一般民衆來種痘的。在公司裏頭有十六個夥計也種痘了。賴上帝的慈悲，都沒有一個有意外的病態。其中有一個僅出世五個月的嬰孩，因爲吸吮有病的母親的乳，也傳染上這種皮膚病。……

"後來國王和一般醫生們，總是用強迫手段來威脅一般民衆去種痘，纔使種痘的風氣慢慢地推廣起來。"(註九)

可是，不曉得有幾多的困難，使堅苦卓絕的勇士們橫受挫折，纔得達到成功的目的。

1796 年的英國外科醫生勤納先生 (Edward Jenner) 發

明以小牛的淋巴液來預防天花的大發明，在這裏也從此收了成效。大概在勤納先生發明五年之後，這種預防天花的小牛淋巴腺纔傳到吧城。最初是吧城醫院中的內外科醫生高洛普洛氏 (Jan Kloprogge) 送給公司醫院的院長，耶士爾德氏 (Wonter Hendrik van Ysseldyk)，並且請他採用的。

西博總督 (Johannes Siberg) 也贊成採用淋巴腺預防天花。在 1804 年 10 月 23 日他頒布一件通告，其文如下：

> "本地天花流行，為害不淺，本政府無時不思有以救濟之；前曾派員往法蘭西島 (Isle de France) 運小牛淋巴液，採用注射法，以資療濟，本政府關懷民瘼，無所不用其極，對此險惡病疫，已用注射法屢經試驗，功效極佳，亟應採用，以資預防。本政府特嚴令全體人民，完全種痘，切勿偷避為要。"

這位特派員就是高菲利 (Maurice Rephael Gauffre)，1793 年他在"希望號" (Esperance) 船上充第二外科醫生來爪哇，1802 年從泗水調來；他在泗水任醫院外科科長，跟他在一起調來的是法蘭西共和國的一隊醫員。次年跟他調來爪哇的也是這一隊醫員。

有人說他在 1804 年 5 月 2 日坐"和諧號"(de Harmonie) 船來法蘭西島，可是無論如何他在那年的七月之前，已回到爪哇，因為那時的"印稿"已印就了。

1807 年，在西爪哇和中爪哇一帶所有的痘苗均失效了，所以高菲利氏 (Gauffre) 又到法蘭西島去看有沒有尚有效的痘苗，以便拿回到西爪哇和中爪哇來用。

海安博士 (Dr. de Haan) 在他的 *Priangan* 第四卷第 2223 節中述及種痘的情形甚詳。外科科長王爾德氏(Andries de Wilde)在 1806 年對於推廣勃浪安縣各地方種痘很是熱心，他和酋長們都很合作，很有興趣的。茂物的酋長派一本地的教徒跟他視察種痘，以作見證；因為他自己在官舍裏曾把自己的兩個兒子種過痘。

王爾德博士在英國政府統治的地方之下，也努力種痘的事業。麥久依德知府 (Mcquid) 曾敍述關於他的事情，說他領導過他去努力介紹牛痘到這裏 (Preangers)。他的著作，不但有功於種牛痘的介紹和促成，並且對於種痘的方法上，也有功勞；他實在一位因地制宜的人，因為他能說巽他話；並且他和這裏的土人聚處很久，感情很好。

麥久依德氏在他的書上，又說" 1815 年 11 月 1 日王

南洋熱帶醫藥史話

爾德氏由蘇甲布密(Soekaboemi)來信說在開始施種牛痘的那天，這裏已有土人把他們的兒子送來種痘了，那是很可喜的一件事。但是因爲缺乏痘苗，常常又不得不把他們的兒子送回去。有些地方，因爲沒有可以種痘的人，所以痘苗很多。最困難的就是注射用的針頭不夠分配給一般教士們去用呢。”

王爾德這個人，是 1781 年 11 月 20 日生在荷蘭阿姆斯特丹的；他年青時代在英國戰爭期間曾被英國政府拘進監牢兩次。1803 年選爲吧城東印度公司外科醫生。死在烏特勒支(Utrecht)，享壽48歲。

在英國政府統治東印度的時代，人民也是被強迫着種痘的。

1805 年牛痘就傳到蘇門答臘的本古蘭(Bencoolen)。那時這裏爲英國政府所管轄，愛華總督(Gorernor Walter Ewer)執政，金貝爾氏(Charles Kampbell)掌醫務。這兩人曾送兩瓶幼犢的淋巴漿和兩本關於種痘理和種痘方法的書，給吧城的荷蘭政府。

在爪哇，副總督萊佛斯爵士(Sir Thomas Stamford Raffles)曾以嚴厲的手段，組織一個推行種痘的會，以宣傳勤納氏(Jenner)的發明。

按照萬·杜生氏（Van Dorssen）在 1894 年發表的1804 年到 1820 年間爪哇和東印度羣島的種痘考（註十）一文所說的，現在吧城的檔案保管庫中，尚存有外科醫官漢打氏(William Hunter)的 1811 年 12 月和 1812 年 1 月 2 月的視察報告文卷。萬·杜生氏曾云："關於種痘，漢打氏謂在三寶壠由思維林先生（Mr. Severing）掌管；在泗水，則由外科醫生陸福地氏（Loftie）負責。"

"在本幾耳（Bangil）龐越（Probolinggo）和 Besoeki 等處，漢打曾見爪哇酋長僱有土人種痘專員，成績甚佳。人民很信仰種痘的利益，又很贊成自己的兒子種痘。在錦石(Grissee)和岩望（Passoeroean）有荷醫考玆(Kortz)和外斯納爾（Reisner）二氏種痘。漢打在岩望的時候，從笨牛望泥（Banjoewangi）帶來六個兒童種痘；並把保存痘苗，帶到以上所述的三個地方去應用。這六個兒童，當漢打留在笨牛望泥的時候，也回去了。漢打檢驗他們身上所種的痘，很是健全，所以他很放心。只有馬都拉的望加蘭(Bangkalan）是不能施種的，因爲在那裏的人都說兒童雖然種痘，也要死掉的，難以打破這個陳見。漢打氏知道了這種情形，馬上報告土王說，在這種情形之下，施痘是不會成功的，若欲使之成功，必須常常把成功的種痘指示給一般的人民看，使他們堅信種痘是確可預防天花的纔行。這麼一來，土王和他的兒子就被陸福地在雙門納（Soemanap）種痘了。在雙門納由荷蘭外科醫生馬爾士（Meurs）任知府，他便委任手下的人施行馬都拉島種痘的事務"。

不幸漢打氏在他在 1812 年 12 月，當貢獻他的報告書後不久之後，就與世長辭了。

(註一) W. H. de Beaufort: Gijsbert Karel van Hogendorp" in "Historical Memorial Book 1813" Vol. I, p. 237.

(註二) 原名作 Gecommiteerde Raden van de staten van Holland.

(註三) 原名 *Redevoering der inenting tot de ingezetenen van Batavia.*

(註四) 原名 *Sophronisba of de gelukkige moeder door de inëntinge van haare dochters; Europeesche geschiedenis ter inëntinge van haare dochters; Europeesche geschiedenis ter leezinge voorgesteld, van de moeders van Batavia.*

（註五）見 *Levensschets van Jacobus van Der Steege* (W. Eekhoff; *Het Leven en den lotgevallen van J. M. Baljee in lever Raad van Indië*"……一書的附錄）

（註六）原名 *Berigt nopens den aart der kinderziekte te Batavia; tot hoeverre men met de Inenting derzelve alhier gevorderd is, en wat daar bij is waargenomen.*

（註七）*Nader bericht aangaande de inenting der Kinderziekte te Batavia.*

（註八）*Transaction of B. S. of A. & S.* Vol. 4 (1786).

（註九）"*Bantam in 1786*", Periodical on Philology, Geography and of the Ned. Indies Ethnology.

（註十）Van Dorssen: The Vaccination in Java and The East Indian Archipelago from 1804 to 1820，見 *Gen. Tijdsch. v. Ned. Indië*, Vol, XXXIV. (1894).

第十一章

東印度公司庸醫小史

當荷蘭東印度公司最興盛的時代，公司的總理和其中要人都絕未顧到屬員的康健幸福，他們只是勾心絞腦地設計發財。那時公司爲各艘商船和醫院所僱的醫生，眞糟到一榻糊塗，山中無老虎，狗熊也稱王，無賴子和牧豬兒竟得在東印度公司充醫官，可不笑煞人也！

有的船長上書公司的總理，請求添聘可靠的醫生充任船醫，竟至每次都被上峯明文拒絕——公司所設的"職員醫院"裏，也是不得添請一位能幹的醫生的。

在博克氏所著荷蘭海軍和東印度公司的醫學(註一)一文裏，我們發現他引用當時一位海軍上將的話，述說當時醫學界，玆譯錄如下：

"公司拒絕聘請好的船醫，並沒有說出理由，但荷蘭窮鄉僻壤的村落，雖無醫生，而鄉民亦可生存如常，這話或者是他們的意見罷。不過一隻飄泊在海上的帆船和一座村落是不能相提並論的。鄉村多離開城鎮不遠，疾疫發生，不難馳往城鎮求診，但孤舟繫纜異域，四顧茫茫，不僅問醫無門，又常爲瘴癘所侵；人生苦痛，孰有過此！公司倘能聘得名醫到船，一切費用船上人固樂爲擔負也……。"

博克又在前文中加一句註譯，他說"當時的總督名瑞英思 (Reynst) 者和其他各人都鄭重敍述過這件事"。他接着又說道，那時有一隻名叫"斯元德留號" (Zwarte Leeuw) 的商船，當船長思重喝先生 (Maarten van Der Strenghe) 停在吧城時，曾在 1616 年 5 月 15 日寫一封沈痛的信，寄與東印度公司的總理，信裏有這樣一段：

"我們的船上有一名小工役，忽然患病，數日不能安眠，照吾輩門外人想來，若給以安眠藥水服之，必能霍然；乃船上醫生竟不知安眠藥水用法，亂投藥物，使此無辜有用青年伸手長逝，不亦大可痛哉！船醫之以人命作如此之兒戲者，乃麼見而非一見!"

1616 年 6 月 26 日卡本提先生(Pieter de Carpentier)當坐"德脫物號"船赴安汶（Anabon）的途中，曾寫信給東印度公司的總理，述說這般庸醫兒的勾當。信中說過：

"先生們會明白，我們全體商船上所僱用的外科醫生，眞是一羣活飯桶，向上天哀號喲……！上帝呀，靠你的慈悲，請你拯救落到那般飯桶醫生手裏的兒女們啊!"

這位卡本提先生，後來在 1622 到 1627 年間曾做過東印度的總督。讀者之中或有人懷疑道，三四百年之前，船上設備不周，且新式消毒法尙未發明，船上病人死亡，當不能由醫生負責。此話姑且認爲言之有理，但無論何人受傷，不問傷之大小，一經醫生的手術，甲被鋸掉了一隻脚，乙就被切去一個足趾頭，丙來了，只看他輕輕一刀，手指便截斷了，——他們對此，又何以自圓其說呢？總之這般醫生沒有點醫學的知識；到處對醫生的怨言，眞是載天載地呀！你能說這種罪是由病人自取的麼？

1766 年海帆爾（Jacob Hafner）隨他父親趁"劉三伯號"船（Luxemburg）由荷蘭到東印度來。他的父親是公司裏第一位好醫生。海氏在 1820 年出版一部破浪探險記(註二)，內中說道：

"一個鄉下理髮匠的兒子，一張膏藥都不會貼，更不懂得怎樣放血了。他經過一番欺天欺地的考試，死記了幾句湯頭歌，居然找到一個船上的'三醫師'的位置。那時東印度公司的船上，每艘有三個醫師，即'大醫師'，'二醫師'和'三醫師'。若是途中適巧二醫師死了，這個笨傢伙會被船長委做二醫師的。有一次我乘公司的船到某處去，不幸大醫師和二醫師都在半路上患急病死了；眞的一個'三小鬼'就被船長派做'大醫師'了，你看好笑不好笑！這個小鬼——不，小狗羔——年方二十二歲，只在前幾個月，我還看見他替鄉下農夫們剃鬍鬚，現在交了花紅時運，榮任大醫師了。這無異受了自由殺人的特權！及至這船開到納革八丹 (Negapatan)，又被委任納城醫院的醫生；不到幾月，又陞爲納城醫院的院長。他有什麼學問，他拿病人做實驗品，做犧牲品，甚而從事活屍解剖啊！假使他能自知缺乏理論上的學識，謹小慎微地從臨牀診斷上學點本領，病人雖是多病幾天纔能痊愈，也不算什麽。你看他能，大擺其臭架子，傲慢輕浮，目中無人；一向病人伸手就大錯了。有時對於危急的病家，他也是馬虎過去——眞是一個慘酷無禮的畜生!"

現在再說一位德孟師(Dr. Oegidius Daalmans)。(註三)德氏大約在1650年左右生於比利時的安特衞普(Antwerp)，曾服務熱帶地方六年，大半時間在印度，中間到吧城住了五個月——雖只五個月，我們卻覺得很有敍述他的必要。

德孟師是受錫蘭島皮耳省長(Laurens Pyl)的任命專來吧城診治痲瘋病的。他在未起身之前，自以爲十分勝任，但在1689年2月抵步之後，經一度詳細的觀察，自覺得難能如願以償，因而發表下邊一段談話。他說：

"我起初覺得這個好機會，預備來吧城做一次實驗，若是不能完全被我救治好呢，我的失敗也是應當的，因爲我以前從未治過這種病。"

及他到了吧城預備拿病人做實驗的時候，當局便表示反對，因此他眞始終未能如願以償。

在德氏著的一本討論熱帶疾病和衞生的書裏，他說：他夫妻二人來到熱帶以後，一切生活方式還依照住在歐洲的習慣，六年之中只到海邊洗過三次身，所以身體極好。至於涼茶和冷水也從不進口。他說這是他從當時的華僑所學來的衞生秘訣。(註四)

還有一處最有趣，他公開敍述他所賣的假藥。在他所賣的藥裏有一種叫"萬靈茶"的，他說："萬靈茶裏包含三十七種成分，其中多是珍寶奇石，全是我從祖國帶來的。計有(1)貓兒眼，(2)紅珊瑚，(3)珍珠，(4)綠玉，(5)黃玉，(6)紅玉，(7)柘榴玉，(8)青玉，(9)瑪瑙，和(10)水晶等等。這都是在我的居留地所不易得的東西。……寶石珠玉是治酸性病的良藥，並且以此眩耀於病人及其親屬之前，可以博得他們的重視。而我又不必耗費什麼本錢——要知世上本沒有正直人走的路，我不欺人誰欺人呢(Mundus vult decipi!!)。"(註五)

還有一位名叫福須 (N. P. Foesch) 的撒謊大王，也值得我們的介紹。

據赫思菲耳氏 (Th. Horsfield) 的考證，福須在 1773 年"是爪哇三寶壟城裏一個三等腳色的醫生"。因爲他最富幻想，當他讀過帝岩高峯上死人谷〔名 Pakaman 在 Diëng Platen〕

的傳說，及其他各種毒樹的故事以後，便造起空中樓閣，不顧事實，著書立說，以聳聽聞。茲舉福須描寫爪哇毒樹的文章，節譯其大意如下，以見一斑。他說：

"在爪哇島上，當吧城和梭羅兩處的中間，在羣山環抱的山谷荒地裏，有一顆毒樹。因爲毒性太強，所以四周二十五英哩的直徑的面積，都沒有草木和禽獸生着，就是飛鳥在樹上的高空裏飛過也會昏死落下，任何人站在離樹十英哩的地方，雖是背風，也能悶死。有一次政府捉着一千六百名叛徒，經法官判決流逐在離樹十二英哩一帶的山裏，結果在兩月之內，便死去一千四百人，(約當總數 88%)！梭羅王嘗用這樹的毒液殺囚犯，有時他也罰犯人前往收取毒汁，結果十個人去後，不過一個人能回來。"

這完全是福須個人的杜撰，帝岩是人人可到的地方，死人谷是由於火山所噴出的毒氣而得名的。這種毒樹，福須叫牠 Oepas，學名是箭毒樹（*Antiaris toxicaria*, Lesch.）。這樹曾經赫思菲耳的詳細研究，著文行世，但絕對不能證明福須氏那種荒誕無稽的報告。(註六)

福須敍述爪哇毒樹的報告，第一次登載倫敦雜誌 *London Magazine*）的 1783 年 12 月號上，後來在 1784 年又刊佈於荷蘭的國家文報。（註七）

達爾文的祖父伊拉斯莫斯先生，在 1789 年出版所著之植物園一書上，也證實過這事是對的，怪哉！（註八）再後 1792 年馬弟思氏（E. W. Martius）著孟家錫有毒樹木記（註九）時，也引證過他的話。福須的幻想竟迷惑了一大羣科學家，實出諸我們的意料之外！

潘夏斯先生在他著的 *De Plantis et Aromatibus* 第五十三章裏，對於當時東印度的歐洲庸醫，曾發過牢騷，罵他們"無恥"！他說道：

> "馬來婦女之善於治病和慣於接生者，經驗既富，手術亦高，確比一般歐僑中內外科的庸醫爲可靠——這羣庸醫，乳臭未乾，而傲氣驚人，恃書本上有限的知識，裝腔作勢，拿病家的性命作兒戲，無恥至極。"

歐人初到南洋得到"致富秘訣"以後，一般狡詐之徒，投機發財，於是大度其闊綽的生活，對知識、道德、和技能，遂起一種渺視的心理，這本不足爲奇。不觀乎東印度華僑在歐戰時期發了大財以後，竟有身任華僑教育界要人，罵華僑學校教師爲"教書役"(*goeroe koelie*)的麼(註十)！貧人暴得富，往往放言狂妄，舉止乖張，何況這些無賴子遽獲高官厚祿的位置呢！？

因爲潘夏斯眼見當時荷蘭庸醫的行爲太過糊塗，遂對於整個歐人的態度起了反感。試看他在所著的 *Animadversiones in Garcian Ab. Orto* 一書第二十六章裏的論調，便可明白。他說：

"Carolus Clusius 註釋論東印度椰子樹葉可以代紙作書一章有曰，葡萄牙人呼此果爲可可(Coquo)，其葉可以寫字。土人採取櫚葉，在葉上寫繪亞剌伯字母，娟秀絕倫，遠在我國善書家之上。我有時想到歐洲人，尤其我國人的那種誇大狂的樣子，覺得自家到處高明，詆侮馬來人爲野蠻民族，眞使我火冒三丈，怒髮沖冠。試看馬來文字的簡明淸醒，碻帶着斯吧達人的風味。再瞧一瞧我國文字的繁縟複雜，纔知道遠不如人。爪哇王子是暴虐獨斷的，但其行使職權，發號施令，碻能想到土人的生性；王子所頒的命令，除盲者和愚者之外，幾乎立時家喻戶曉；號令旣易使國人瞭解，於是治理亦易”。

潘氏書中所用 Indians 一字每指東方人全體，可認爲包括印度人，馬來人，和爪哇人等等，正如今日用 Orientals 一字的意義彷彿。因此他所稱揚的土人，每包括印度人在內。

（註一）見 Pop 著 *De Geneeskunde Bij Het Nederlandsche Zeewezen* 載 Geneesk. Tijdschr. v. d. Zeenagt 雜誌第六卷，p. 233.

（註二）見 *Lotgevallen en Verdere Zeereizen*，Amsterdam，1820，p. 157.

（註三）Daalmans 著有根據酸性和鹼性二種成分所發現的新療法（*De Nieuw Hervormde Geneeskonst，Gebouwt op de gronden van 't acidum en alcali*），初版於一六八七年刊於亞姆斯特丹，一六二〇年有荷蘭文譯本第五版。

（註四）及（註五）統見所著錫蘭島・吧達維亞和卡曾滿德海濱三處所經見之疾病實錄（*Aanmerkingen over Verscheidene Ziekten，die op het Eiland Ceylon，Batavia en de Kust van Coromandel，ten tijde des autheurs verblijf aldaar zyn voorgevallen*），1703，4th-Ed.

（註六）詳見 Horsfield 著 *An Essay on the Oopas or Poison Tree of Java*，載入 Proceedings of the Batavia Society Vol. 7 (?).

（註七） 見 *Agl. Vaterlandsche Letteroefeningen*, 1784, p. 286.

（註八） 見 Erasmus Darwin（即進化論家達爾文的祖父）著 *Botanial Garden*, 1789 年版本。

（註九） 見 *Gesammelte Nachrichten über den Macassarischen Giftbaum*, E. W. Martius 著，1792 年版。

（註十） 爪哇直華英文教師林君向我述說在芝拉扎埠的經過

第十二章

潘夏斯與熱帶藥用植物

在文化初開的時候，社會上並沒有醫學家和藥學家，治療的藥劑，大概都是得之於偶然；以後彼此介紹，遂成經驗的良方。至所取的藥材，當以身邊的土產爲限：如祕魯土人用規那樹皮解熱。蘇門答臘土人用煤油消腫，皆不外此理。熱帶四季常夏，植物隨處葱鬱，不僅種類繁多，即個體亦特別茂盛，生長在這種環境裏的人民，通年與植物接觸，其由經驗所發見的植物藥劑必多。且東印度如爪哇、巴厘（Bali），和蘇門答臘等處，文化自古傳自印度，其醫藥亦當然受印度的影響。印度是一個熱帶國，他們的藥劑以植物性者爲多，——因而東印度人民（指近爪哇一帶的）自昔即富於藥用植物的常識。

潘夏斯氏在他的著作中，時常稱道馬來土人植物學識的淵博；甚至讚其遠在歐人之上，茲節譯數例如下，以示一斑：

(1)在 *Hist. Natur. & Medic.* 第三十四章中，他說：

"我常常爲我國人的膚淺而歎息，我歎息他們竟敢叫馬來民族和爪哇民族是野蠻人！試看他們對草木的知識和社會整個的組織系統，都在我們之後麽？"

(2)見 *De Conservanda Valetudine* 中第九節的對話：

"豐·杜榮問：'土人對於植物有何意見？'

潘夏斯答：'他們認一切可吃的植物都有很大的價値。那些從印度蘇拉特(Surat)和卡魯滿德海濱(Coromendal Coast)來的移民，皆是派拿拉哥氏(Pythagoras)的信徒，他們完全賴植物來養生，禁食一切肉類，卽豆類也不入口'。

(3)見 *Juvenalis, 15 th. Satirical Poem,* 其中說：

"這些人(指蘇拉特人卡魯滿德海濱人)禁食紅豆和一切帶紅色的蔬菜，因爲他們對於蔬菜和灌木有明白的智識，以外別種土人均對植物茫無所知。若是有人能將我國已死的植物大家鮑武氏(Pauw)由墓中掘出,邀請來此,讓他和這裏土人比試一下,吾恐鮑氏必驚咋萬分,而慚愧無地;以其所知遠不及此等土人爲多也!再看馬來人,他們對於可食的草本植物,呼之曰'菜蔬'(Satür=sajoer),又藥用和有毒的植物則稱爲'藥草'(oubat=obat)"。〔素封案上文'紅豆',即指'相思子'而言,此物有劇毒。〕

(4)見 *Animadversiones in Garcian Ab Orts*: "當我從馬來人學習他們的經驗時,我曾在吧城的醫院裏對他們試驗過好多次,結果我覺得從這些被國人素所鄙視的野蠻民族裏,學來很多見識。這般土人。尤其是從印度的蘇拉特(Surat)和卡魯滿德海濱(Coromendal Coast)來的人,眞能夠把藥用植物、蔬菜、和有毒植物分別地一清二白,他們的本領確比我們祖國的植物學專家還高明!"

至於潘夏斯(Jacobus Bontius)對於熱帶藥用植物之記載,在他的著作中觸目皆是,這些材料在今日看來,雖有不合事實之處,但在三百年前確是一種創舉。玆節譯數端以告讀者:

(1)見 *Historia Naturalis et Medica: De Plantis et Aromatibus* 一書第三十三章論"鹿角草"。此物爪哇名 Simbar mandjangan，馬來名 Tanduk rusa。潘氏說道：

"爪哇人用鹿角草和我們用的百合的葉子(*Lillium Speciosum*?)仿佛，是用來貼在水腫和瘡瘍或凍瘡的皮外，以作外敷治療藥的。不過馬來人認爲鹿角草對於丹毒(erisypelas)並無多大效驗。"

(2)前書第三十四章"論東印度鹿舌羊齒及瓦韋科羊齒及別種羊齒草"一節中，曾說明鹿舌羊齒的效驗。鹿舌羊齒原名(*Phyllitis scolopendrium*)，由英名 Hart's tongue 譯出。此物爲瓦韋科羊齒之一種，葉甚長，分佈區域極廣。瓦韋羊齒(*Polypodium*)見之我國本草綱目，向作藥用。潘氏曰：

"據爪哇人和馬來人的經驗，此種羊齒植物可用作消毒劑，以解被毒獸或毒蟲的咬傷。"

(3)見前書第三十八章"論東印度紫花白百合，"他說過：

"我們從土人學來用這種植物煎湯服下，可以治瘧熱病、發大熱、腦膜炎、虎烈拉及痢疾等症。"

（4）前書第三章中，曾論及兒茶（*Cate*）。此物係用（*Uncaria Catechu*）的枝葉所熬成之膏，亦名曰"阿山藥"在爪哇通稱之曰 gambir，英美人現呼爲 Catechu，色褐成塊狀，在藥理上顯收斂性，乃一種強壯劑。潘氏說道：

"我要加幾句說明當馬來人和華僑在這裏嚼西利葉（sirih＝*Piper betle*）時，常在裏邊加一點阿山藥，如是可以有固齒的功效"。

南洋土人到處有嚼西利的習慣。以西利葉裹煙草，石灰和阿山藥入口嚼之，其味苦，其色紅，有刺激性，久之養成習慣，如吸煙然。我國僑居南洋日久者，也有人染了這種習慣。清沈三白所著的浮生六記中曾有嚼檳榔的記載，閩廣國人或亦有此習。參見本章附錄第 28 條。

（5）前書第四節論羅望子。羅望子又名酸果，學名 *Tamarindus indica*，英名 Tamarind，其果入藥，有清涼緩下功用。土人加酸果於食物中，以增酸味。潘氏說：

"用酸果配成之湯（配方係潘氏所定，）其味甚佳，吾輩荷蘭人和爪哇人均可用作替代啤酒之飲料。酸果湯不僅滋味可口，而其他各方面亦均不在荷蘭啤酒之下。久居熱帶之人不宜多飲酒漿：酸果本性清涼，故其湯多飲無害。爪哇人稱羅望子爲 Asem Djawa，意卽'爪哇的酸。'"

(6)前書第七章論萬古都之果。此果形如圓錐，爪哇人呼之曰 mekoedoe，在植物分類上大概屬於 *Morinda citrifolio* L.，潘氏曰：

"爪哇人咸稱此果曰萬古都，馬來人取之燒成灰，用以醫治痢疾及虎烈拉。此外並可治痰喘、肺癆、肋膜炎和胸部疾病，因其果汁有極強之收斂性也。我嘗名此果曰'東印度樹狀紫草'(*Consolida Indica arboea*)……並曾用以治療住在我的病院中患咯血症 (haemoptysis) 者多次，無不藥到病除。樹狀紫草的葉子，有生肌的作用；凡刀傷或瘡瘍潰爛等處，若敷以此葉，卽可結疤收口；因此若能應用化學方法，由紫草葉中抽取植物鹼類，對於多年疑難毒瘡，必能奏效。"

(7)見前書第三十四章論高大的石蓮華，普通之石蓮華 (house leek) 爲景天科 (*Crassulaceae*) 中之 *Semp-*

ervivum tectorum，一種肉科植物。他說：

"當我執筆爲文時，有一白髮馬來醫師來此。他說他治療一位土人的毒箭傷無效，特來問我的。爪哇人慣用蜇蝎(註一)的血塗箭簇或刀劍外面，以射擊敵人。被擊創傷甚重，不易調治。此種蜇蝎（土名 gekko 或 tekek，由其鳴聲而有是名），爲東印度之特產，盡人知之。石蓮華可用以解此毒，由此可推知牠亦能救治其他毒蟲或毒蛇之咬傷。"

(8)見前書第三十五章"論東印度可吃的茄子"。東方的茄子，在潘氏以前，歐洲人還未見過。原來大茄科(*Solanan-ceae*) 的植物多是有毒的，歐洲人所吃的茄科植物，如番茄(Tomato＝*Lycopersicum esculentum*)似的，也不是歐洲的原產。番茄是在 1596 年由南美洲傳入荷蘭和英國一帶的。至於東方的茄子(*Solanum melongena* L.)，不論青的、白的或紫的，皆可煎炒作菜，是潘氏在本國所未曾見過的。所以當潘氏在爪哇看見東方特有的茄子以後，又見到當時一般居留東方的歐人，其行爲太過下賤，觸物生情，就做了一首茄子詩，以洩胸中鬱結。他的意思或是希望當時的荷蘭僑民來接收東方文化罷！詩云：

荷蘭祖國的茄子害神經，
東印度的茄子能吃用；
做藥的果子失掉了藥的味道，
從此，歐洲人也會改變了稟性！
呀！萬里風帆來到了八打威(Batavia)，
牠或能洗去我們同胞的卑鄙汚穢！(註二)

* * * *

南洋羣島的藥用植物之研究，可說是由潘夏斯氏(Jacobus Bontius) 導其先河，惜潘氏以三十九歲之有爲壯年，遽爾謝世；他的時間沒容許他做出更深切的研究！潘氏歿後不久，東印度公司中有兩位職員也很注意熱帶藥用植物的研究，他們的工作影響於後來的學者很大，茲分述其生平如次。

葛利木 (*Hermanus Nicolaas* Grimm)(註三) 生於 1641 年，大約於 1666 年曾來過吧城 (Batavia)。那時這裏正鬧着極嚴重的傳染病(?)。有人說 1671 年他來過東印度，又有人說在 1678 年。考之官廳檔案，查得“1678 年 2 月 22 日葛利木加倖";又有 1681 年 12 月 18 日葛利木隨總督古英斯 (Lyckloff Van Goens) 回荷蘭的記載。後來葛氏任瑞典國王的御醫，1711 年壽終於該國的斯德哥爾摩 (Stockholm)。

當葛利木服務東方時，多半時間居留錫蘭島 (Ceylon) 和印度；曾伴同拉耐氏 (ten Rhyne) 到過蘇門答臘。在這裏他著成很多書，其中以錫蘭島醫藥寶鑑 (*Thesaurus Medicus Insulae Ceyloniae*) 和印度藥典 (*Pharmacopoea Indica*) 二巨著最有價值。錫蘭島醫藥寶鑑初用荷蘭文寫成，1677 年刊行於吧城(Batavia)，1679 年在荷蘭國又有拉丁文譯本出版。

第二位是黑滿諾斯先生 (Paulus Hermannus)。黑氏於 1640 年生於普魯士的哈勒 (Halle)，成年後充東印度公司的醫生。1672 年服務於錫蘭島 (Ceylon) 時，極負盛譽。黑滿諾斯平素於任職之暇，即悉心研究熱帶藥用植物，對於當時所通行的植物分類學貢獻最多。熱帶植物後來能得長足的進步，黑氏實與有功焉！

(註一)　吧城新報南洋半月刊的主編陸子明先生，在他初次發表我這篇文稿，曾附按語，說 gekko 的中名叫 "蛤蚧"。

(註二)　這首詩的原句如下：

"Fructibus in Patria Solani Narcotica vis est India at

e Contra Solanum producit edule; Destituunt Medicum sic medica Mala saporem Naturamque novam Europae in finibus illa. O quoque sit utinam, vehimur quum per mare ad Indos
Longum iter! Infames liceat deponere mores".

（註三）在著名醫師辭典（*Lexicon der Hervorragenden Aertze*）上，葛利木氏的名子寫作 Herman Niclas Grim.

附　　錄

東印度土人慣用的藥草

東印度各島上的民間通用的藥物，以草根樹皮爲多，其中卻不乏有效驗的單方。不過牠們的來歷，多無史跡可考了。當今西洋醫學雖在南洋佔了雄厚的勢力，並獲得一般人的信仰，新式藥房，隨地都有；可是民間草根樹皮的藥物仍舊爲民間所採用。玆將現在爪哇島上所見的土藥列舉如下。表中以科分類，而以其拉丁學名的起首字母爲次序。每名之下，附以馬來土名。再下並標出(1)藥用之植物部分，(2)治療功用，(3)藥的調治法。至其確實功效，還有待於專家的考證。土藥種類的確數，不得而知，下列乃是最通用的。

1、*Anacardiaceae* 漆樹科

學名——*Mangifera indica*, L.

馬來名——Mango,

(1)種子，

(2)月經過多病，

(3)將種子搗碎,用熱水沖服。

2. *Apocynaceae*

學名——*Alstonia scholaris*, R. Br.

馬來名——Kajoe kaboes

(1)樹皮流出之乳狀液,

(2)熱帶霧痘,熱病,

(3)外敷。

3. 科同上

學名——*Tabernoemontana corymbosa*, Roxb

馬來名——Djeloetong,

(1)樹皮乳狀汁及根,

(2)根可治陰囊水腫;皮內乳汁治梅毒,

(3)塗抹。

4. *Bombacaceae* 木棉科

學名——*Durio zibethinus*, L. 榴槤,

馬來名——Doerian,

(1)樹根,

(1)解熱,

(3)用水煎湯服下。

5. *Caricaceac* 萬壽果科

學名——*Carica papaya*, L. 番木瓜。

馬來名——Papaja 或 kates,

(1)樹液和種子

(2)(3)樹液可驅蟲,健胃;其種子治消化不良;又採熟透之果,將果肉和與種子同食,可治紅白痢疾。

6. *Cyatheaceae*

學名——*Cibotium barometz*, J. Sm.

馬來名——Penawahr djambi

(1)毛茸葉,

(2)止血,

(3)煎湯洗滌。

7. *Dipterocarpaceae*

學名——*Dipterocarpus* sp,

馬來名——Koeroeing,

(1)樹脂液,

(2)下淋

(2)用原物內服。

8. 科同上

學名——*Dryobalanops aromatica* Gaertn.

馬來名——Kaparbahroes,

(1)樹脂昇華物,

(2)風濕症,

(3)內服。

9. *Euphorbiaceae* 大戟科

學名——*Codiaeum Variegatum*, Blume

來名——Poering

(1)根，

(2)瘡毒，

(3)煎湯內服。

10. 同上科

學名——*Ricinus communis*, L. 蓖麻子（見圖甲）

馬來名——Djarak，或 Djarak dalem.

(1)種子搗碎榨油，

(2)瀉藥，治食積，

(3)內服。

11. *Fagaceae* 殼斗科

學名——*Castanopsis javanica*, A. D. C.

馬來名——Berangan Gadjah, Andikit.

(1)種子，

(2)瀉藥，

(3)煎湯內服。

12. *Flocourtiaceae*,

學名——*Flacourtia rukam*, Z. et M.

馬來名——Roekam，

(1)果實，

(2)收斂劑，

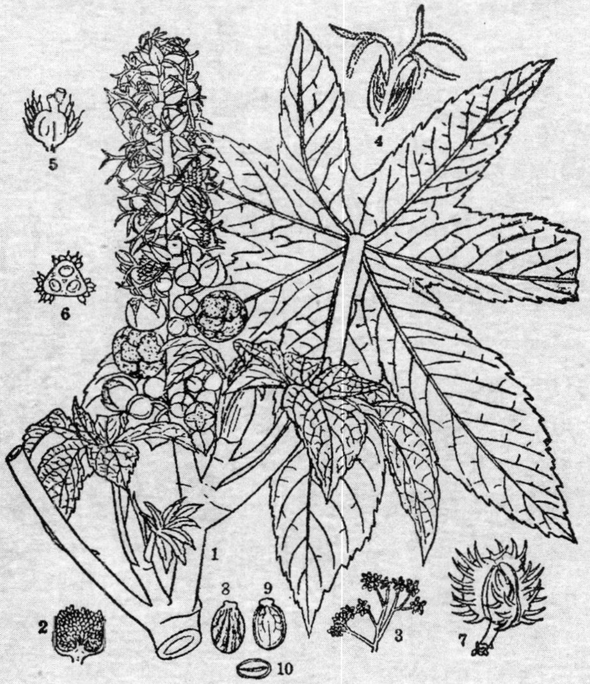

圖甲 Ricinus communis L.

1. 著花之枝 2. 雄花縱切面 3. 雄蕊 4. 雌花 5. 子房縱切面 6. 子房的橫切面 7. 果實 8. 種子 9. 種子縱切面 10. 種子橫切面

(3)用原物塗擦。

13. *Gramineae* 禾本科

學名——*Andropogon muricatus*, Retz.

馬來名——Nasoetors,

(1)根,

(2)産後洗灌消毒,

(3)煎湯外用。

14. 科同上

學名——*Imperata arundinacea*, Cyr.

馬來名——Lalang Alang-alang.

(1)地下莖,

(2)熱病,又風濕症,

(3)煎湯內服。

15. *Guttiferae* 金絲桃科

學名——*Garcinia Mangostana*, L. 山竹,

馬來名——Manggis,

(1)果皮,根,

(2)收斂劑,月經不調,

(3)果皮搗碎,供外用,有收斂性,

根煎湯內服,能調理月經。

16 *Labiatae* 唇形科

學名——*Ocimum gratissimum*, L.（見圖乙）

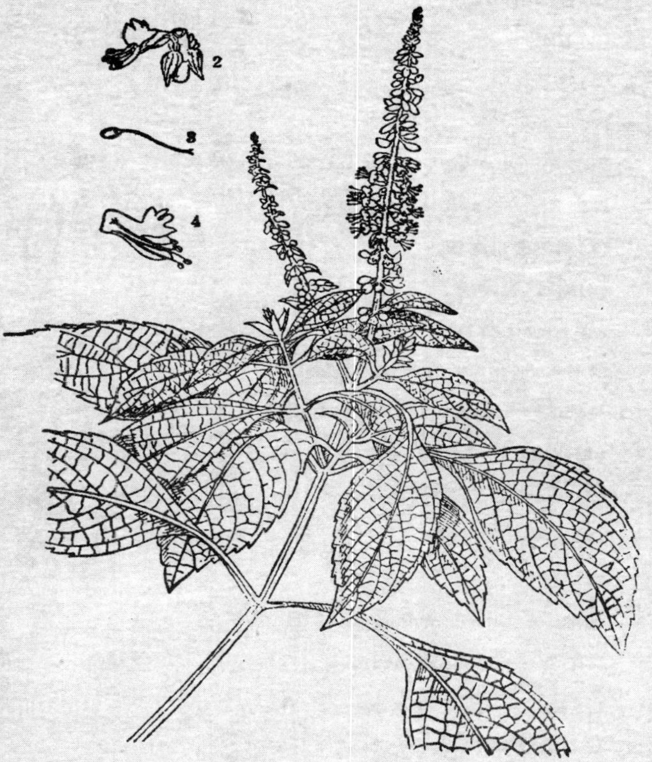

圖乙 Ocimum gratissimum L.

1．著花之枝　2．花序之一部和花

3．雌蕊與子房　4．花瓣與雄蕊

馬來名——Selasèh mekah; kemangi hoetan.

(1)種子，

(2)下淋，

(3)煎湯內服。

17. Labiatae

學名——*Orthosiphon staminens, Benth* 貓鬚花（見圖丙）

馬來名——Koemis koetjing

(1)用葉煎湯內服，

(2)膽石，腎臟病。

18. *Lauraceae* 樟科

學名——*Cinnamomum cassia*, Bl.

馬來名——Kajoe manis tjina.

(1)樹皮，

(2)強壯劑，

(3)研粉和水內服。

19. 科同上

學名——*Litsea penangiana*, Hook

馬來名——Modang asam,

(1)葉，

(2)産後洗滌消毒，

(3)煎水外用。

20. *Leguminosae* 豆科，

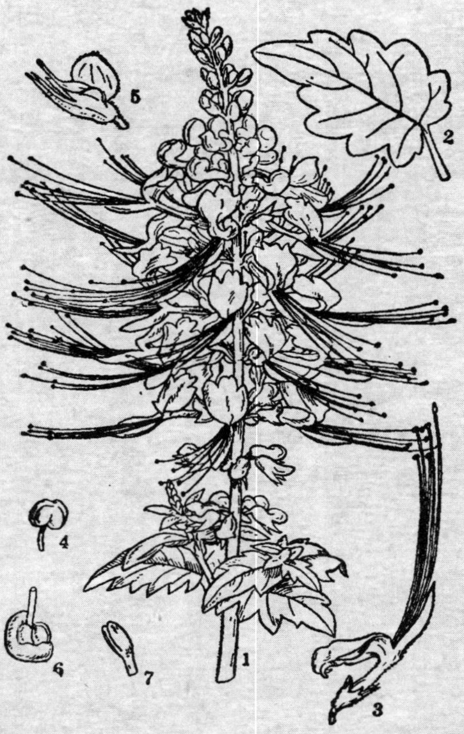

圖丙 Orthosiphon stamineus BENTH.

1. 花序 2. 葉 3. 花 4. 藥

5. 萼 6. 子房 7. 柱頭

學名——*Arachis hypogea*，L.

馬來名——Katjang tanah，花生

(1)根和葉，

(2)根治痘瘡，葉治頭痛，

(3)搗爛榨汁，外用。

21．科同上

學名——*Cassia alata* L.（見闕丁）

馬來名——Galinggang 又名 Daoen Koepang-koepang，

(1)葉，

(2)陰囊水腫，

(3)榨汁加食鹽外敷。

22．*Leguminosae* 豆科，

學名——*Erythrina* ***indica***，

馬來名——Dadap，

(1)葉，

(2)解熱，

(3)將葉搗爛成泥，外塗。

23．科同上

學名——*Tamarindus indica*，L. 酸果；羅望子，

馬來名——Asěm；Asěm djawa.

(1)果實，

(2)解熱。

圖丁　Cassia alata L.

1. 著莢的花序與葉　2. 花　3. 花瓣

4. 大形之蕊　5—6. 小形之蕊　7. 子房

8. 莢之縱截面　9. 莢之橫斷面

(3)外塗藥

〔爪哇中部及馬都拉島上，凡生後三五日之女孩，土人慣用此種果肉塞入其陰戶中；據說其年長之後，可以減低性慾衝動，華僑現亦沿用，未知信否。當作者僑居爪哇和旅行馬都拉時，曾親眼看過這椿事情。〕

24. *Malvaceae* 錦葵科

學名——*Thespesia populnea*，Corr

馬來名——Baroe

(1)葉，

(2)皮膚病和頭痛，

(3)搗成泥後外塗用。

25. *Musaceae* 芭蕉科

學名——*Musa sapientum*，L.香蕉.

馬來名——Pisang，

(1)根及葉，

(2)根可作收斂劑，葉能治頭痛，

(3)均煎湯內服。

26. *Myrtaceae* 桃金孃科

學名——*Eugenia pendens, Duthie*

馬來名——Kajoe djamboe，

(1)葉，

(2)假死，

(3)葉潛起加鹽,外內。

27. 科同上

學名——*Melaleuca Leucadendron*; *L.*; 或 *Melaleuca minor*, Smith.(見圖戊)

馬來名——Minjak kajoe poeti; Galam.

(1)用樹葉蒸餾而得之油,

(2)風濕症,

(3)外塗用。

28. 〔*Palmae*〕*Arecaceae* 棕櫚科

Ceroxyloideae 椰子亞科

學名——*Areca Catechu*, L. 檳榔(見圖己)

馬來名——Pinang, Batang bangkah.

(1)果實,

(2)健胃,驅腸胃寄生蟲及利尿,

(3)製劑內服。

〔南洋羣島土人習慣口嚼檳榔,嚼時先以西利葉(sirih,見第31條,一種胡椒類植物)包檳榔、石灰、煙草及兒茶等等,入口細嚼,有苦香味,成血紅色,如吸烟之可以使成癮。嚼久之後,牙齒全變黑色。土生華僑,亦染此習。〕

29. 科同上

亞科同上

學名——*Cocos nucifera*, L. 椰子.

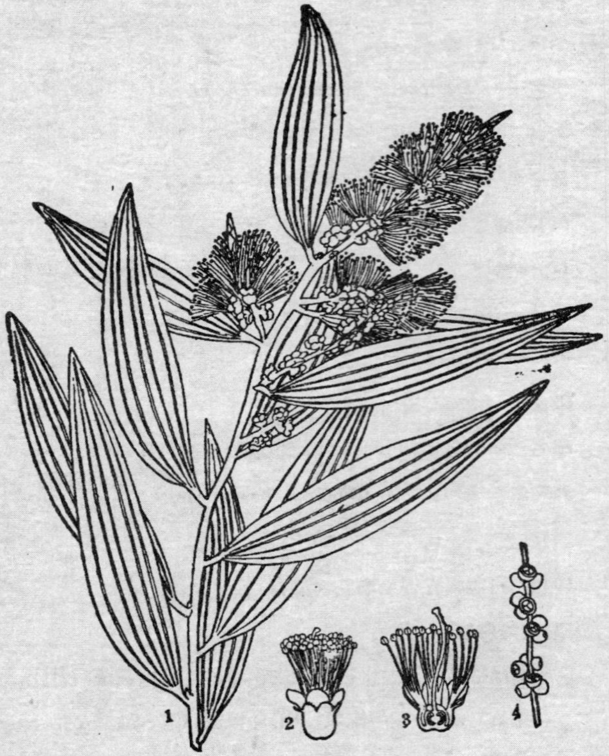

圖戊　Melaleuca leucedendron L.

(M. minor)

1. 著花之枝　2. 花　3. 花(縱切面)

4. 著果之枝

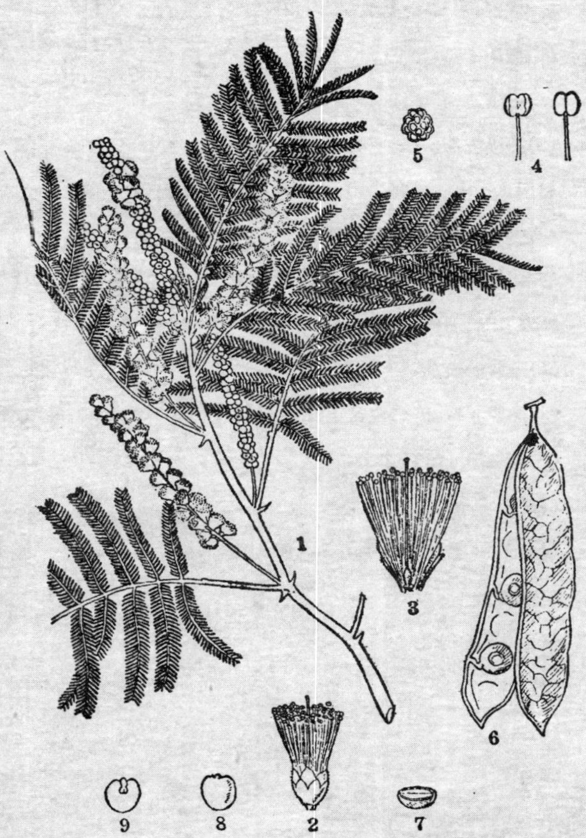

圖己　Acacia Catechu WILD.

1. 著花果之枝　2. 花　3. 花之縱切面　4. 雄蕊
5. 花粉團　6. 莢　7. 種子斷面　8—9. 胚

馬來名——Klapa，

(1)根，

(2)痘瘡，

(3)煎湯內服。

30. 科同上

Lepidscaryoidae 省藤亞科

學名——*Calamus ornatus*，Bl.

馬來名——Ratan sega; Pendjalin sego.

(1)莖幹的燒灰，

(2)熱帶霉痘，亦名覆盆子腫（Frambosia tropica）的治療，

(3)將灰撒在瘡口之上。

31. 科同上

學名——*Piper betle*，L. 西利葉：

馬來名——Sirih，

(1)葉榨出之汁，

(2)耳傷，

(3)外塗用。

32. 科同上

學名——*Piper nigrum*，L.

馬來名——Sahan itam 或 Lada itam，

(1)乾果，

(2)霍亂（虎烈拉），

(3)煎湯内服。

33. *Rubiaceae* 茜草科

學名——(*Unceria gambir*, Roxb.)

馬來名——Gambir,

(1)葉或實果,

(2)赤痢,

(3)煎湯内服。

34. *Rutaceae* 芸香科

學名——*Citrus* acida, Roxb.

馬來名—— Limoe nipis,

(1)根,

(2)赤痢,

(3)煎湯内服。

35. *Thymelaeaceae* 〔*Dophnaceae*〕 瑞香科

學名——*Aquilaria malaccensis*, Lam.

馬來名——Gaharoe

(1)木材,

(2)風濕症,

(3)用原物,内服。

36. *Verbenaceae* 馬鞭草科

學名——*Gmelina asiatica*, L. (見前表)

馬來名——Boelangan,

圖G　Gmelina asiatica L.

1. 著花之枝　2. 蕾　3. 花　4. 花瓣

5. 雌蕊　6. 雌蕊帶萼　7.果實，橫切面

(1)葉，

(2)齒痛，

(3)榨汁外用。

37. *Vitaceae* 葡萄科

學名-----*Vitis diffusa*，**Laws.**

馬來名-----Daoen Lakom，

(1)葉及根，

(2)頭痛，

(3)榨汁外用。

38. *Zingiberaceae* 蘘荷科

學名——*alpinia galanga*, Swartz.

馬來名——Lenkoewas,

(1)地下莖,

(2)疝痛,

(3)煎湯內服。

39. 科同上

學名——*Curcuma langa*, L. 鬱金薑黃,

馬來名——Koenit,

(1)地下莖,

(2)赤痢,

(3)搗汁內服。

40. 科同上

學名——*Kaempferia galanga*, L. 山柰。

馬來名——Choekoer,

(1)地下莖,

(2)健胃,

(3)煎湯內服。

參考文獻:

(1) Kirtikar & Basu: *Indian Medical Plants*, Allabahad, 1918, 二大册;附圖兩大盒,內裝圖1033幅。

(2) Mukhopadhyaya: *History of Indian Medicine*, Calcutta, 1923, 3 Vols.

(3) *Köhler's Medizinal-Pflanzen*, Berlen, 1898, 共三巨册

(4) Burkill & Haniff: *Malay Village Medicine*, Singapore, 1930.

(5) Gimlette & Burkill: *The Medical Book of Malayan Medicine*, Singapore, 1930.

(6) Hooker: *The Flora of British India*, 共七册, 1875-1897.

(7) E. van Wijk: *Dictionary of Plant-Names*, The Hague, 1911, 共二册.

(8) Hopper: *On Chinese Medicine-Drugs of Chinese pharmacies in Malaya*, Singapore, 1929.

(9) Clercq; *Nieuw Plantkundig Woordenboek voor Ned. Indie*, Amsterdam, 1927.

(10) Ridley: *Flora of the Malay Peninsula*, 5 Vols. 1922-5.

(11) Wight: *Figures of Indian Plants*, 共六大册, 1850, 又附索引一册。

第十三章

吧城衛生事業簡言

吧城在 1620 年已有保持城市清潔的命令了。查荷蘭東印度第一任總督顧英氏 (Jan Pz. Coen) 在位時所頒布的規律，有令各區官注意各區鎮的清潔的明文。若各官不守規律，不能維持街市的清潔，就科以罰款，以作政府人員的入息。

1625 年，當卡本提總督 (P. de Charpentier) 在任時，曾於這年 6 月 16 日及 8 月 22 日頒發區官訓條，其中第十五條說過：

"各區官須保持各該區鎮的清潔；若屋邊、公園邊或牆壁上有污穢之物，則該區官須受如下的處罰：(甲)牆壁上有八處污穢者，罰三'利爾'(Real 當時幣名，約合英金二辨士半)。屋邊或街道上倒有垃圾堆者，罰一'利爾'。星期日或

節期日，區官須特別督促市民掃除街道、牆壁或

橋樑上的灰積或穢物。否則，每汚穢八處罰一

'利爾"'。

1630年9月9日思派克總督（J. Specx）所公布的衞生規律，其中關於汚穢物的運送辦法，是每日派小船到幾處特定的地方收拾垃圾。當船到岸時，以搖鈴作號。這時各家所要倒出的穢物垃圾，須馬上就倒入船中。痰盂和馬桶中所存的排洩物，若不及倒入船中，則必須於每日上午九時至下午四時之間，倒入大河（Kali Besar）之中。屋中主人要督促僕人辦妥此事。

可是，規律是規律，人事還是人事，我們在1683年9月16日，梅地蘇克爾總督（J. Meatsuyker）統治下時的吧城督察一文中，曾發見這樣的一段評話："不識規矩而甘於骯髒的人民，不但倒排洩物於小河中，且倒到乾地上；到了炎熱的午後惡氣薰蒸，致傳染性的毒病叢生不已"。又說："對於這事的罰款是六利爾，不管屋中的僕人懂得這事與否，可是他要負其全責的"。又說："這種情形，目下在有菜園的地方尚存在着，依然汚穢不堪；不過處罰的事情是少有了，而奴隸階級也早已取消了"。

可是，按照秀籐氏 (Wouter Schouten)、柯拉夫氏 (Nicolaus de Graaff)、尼火弗氏 (Johannes Niouhaf) 及其他各位學者的報告中，吧城還不算是使人健康好的地方。秀籐說過"吧城是亞洲荷蘭衆城中最美麗最新艷的一個城"，又尼火弗說過"吧城是全印度（卽東方）中最寧靜、最清潔、最合衞生的一個城"。

1790 年，溫爾左仁氏 (Baron Von Wollzogen) 在他的遊記上，曾說："吧城是最令人不健康的地方，是日耳曼人的墳墓"。所以吧城在當時衞生程度，要加以考證了。

這個城後來怎麼樣呢？若是熟悉吧城地圖沿革的人，都曉得吧城從前的都市是建在靠海邊的，甚至城堡都是建在海中的；後來因爲對面的沙洲慢慢地擴充過來，所以那個都市就搬到離海很遠的地方去了。

因爲這樣，就使得流出的河水受了障礙，所以沿岸一帶就生了不少的池塘；又因爲小河和小川變成沙洲或不完全的沙洲，污穢的泥土常常堆積起來，所以到處缺少清水。

從前的人均以爲這是羅病的泉源，在思美齡氏 (Semmelinks) 的書上，載有荷蘭的 Heeren XXVII 致東印度總督一封信，其中有這樣的話：

"從剛剛由遠東〔原文 India 包括東印度〕回來的朋友所說出的話，我們知道吧城的死亡率很高，目下還是激進不巳。他們認爲造成這種情形的原因，是由於在那裏的小河都乾涸，水都轉流到旁處去了。所以總督要注意把這些小河重闢起來，或用別種方法也好，總之，務使陸上沒有污穢的東西堆積，使空氣清潔；那末當地的人民在上帝保佑之下，就可以得到健康了"。

第二層應該注意的就是 1699 年正月四日夜間至五日早上沙拉火山（Salak）所噴出的灰沙，堆積在各小河中；這些東西便把污水淤滯不通了。

在外科醫生卜卡塔氏（Abraham Bogaert）所著旅行史紀（*Historical Travels*）那本書中，有這樣的話：

"當我前次離開吧城到荷蘭來時，最令我注意的，莫如流過吧城的小河。這些小河從前對於那裏居民的利益是如何的重大，可是目下爲了地震所崩塞，竟有幾處都巳乾涸了。現在可以航船的只有穿過吧城的那條大河(Kali Besar)，可是也只有在中間的一段可以行駛小小的扁舟而巳"。

1699 年正月四日夜間至五日的早上，在吧城所爆發的火山是這樣的：

"地震快要爆發的時候，雷電交加，好像萬馬奔騰，屋巔雷霍作響。三陣山崩的聲音，好像從深林中傳出來的隆隆的大炮聲一般。於是山崩海嘯，拔地以起。這陣的地震，實在是從來未有的，人人皆以爲萬物都要爲牠所毀滅了；這樣一震可有七分鐘之久。接着就是那天午後三點半鐘的時候一陣的大暴動了。像這樣的大地震，或斷或續地連發了數天，不過比不上第一次爆發時的那麼兇烈而已。

"這次地震的最大損失，就是吧城的大河(Kali Besar）被灰所淤塞，同時在文登(Tangerang)地方也有一條河被崩塞了。這次火山的爆發，源出於潘格願古山(Pangerango)，後來延及於沙拉山（Salak)。這兩山都是吧城的靠背，爲全城的主要水源。經過這次爆發之後，周圍的小山，均爲之崩陷，致河流改道流入海中。山中後來所藏的硫黃質，也是這次爆發的一大原因。因爲一大片的森林被倒塌了，從小河中漂流到離城一英哩之遠的地方，就把河流封鎖了，致小河不得不從周圍的陸地上改道而流。

"不但是大河爲沙泥所填塞，就是所有的小川也爲沙泥所充滿而失去航駛的效用"。

從前供給吧城飲水最著名的地方，實在是使人難能忘掉的。塔芬尼爾（Tavernier）引有孟思（Bernerl ot Moens）的名句，說"到吧城飲甘泉去"！和"世界上最好的純淨的水，就是吧城的水，品質極良；甚至倒入海中，也倘見保其純質而不爲海水所汚。這水實在可以和英國的太晤士河（Thames）或印度的恆河的水比美"。

吧城的居民漸漸增多了，純淨的飲水不敷應用，當然是件大問題。

1685 年 5 月 8 日，甘夆氏（J. Camphuys）曾爲保全闔城人民的衛生，曾發出這樣的一道命令：

"查吧城磨鈴維列德河（Molenoliet）之水，爲本城飲水之源；近有不肖之徒，屢以衣服及其他汚物在河洗滌，致本城衛生大受影響。本政府已布告在先，勸其力改此習，惟勸者諄諄，而聽者藐藐，如此惡習，尙層出不窮。本政府爲矯此弊起見，不得不再三申令，仰各居民，茲後切勿在該河中洗滌汚物，更切勿以活的或死的動物棄諸河中；違者重罰，切切此佈”。

（見 J. C. Bernerlot Moens, o. c. 氏引用語）

雖然政府有如此之嚴令，其實吧城的衞生狀況，依然很劣，死亡率仍然很高。後來此事引起了荷蘭的 Heeren XVII 的注意，他命令東印度總督，將吧城衞生詳情，據實稟覆。

那時做總督的是磨須爾氏（J. Mossel），他爲了這件報告書，就請了許多內外科的醫生，負責研究；其中有五位專門醫生，檢驗居民的紅血球。

經過種種檢查之後，有一普通現象値得記述的，即“內地必須空氣通暢，才能使人民得到健康的生活，因爲內地樹木稀少，多是不毛之地。並且屋中要通空氣，街道上要廣闢水道，勿使河水瀦積過多。在河旁要多種樹木，因爲樹木與河水，是可調節熱度的。在歲尾一兩個月及正月到四月的時候，雨水是很需要的；因爲一月和二月的時候，雨水較多，而乾燥和炎熱的日子較少。又因爲雨水較多地下較冷，昆蟲容易死亡；由已往經驗而知，什麼東西都比不上水的淸淨力爲大，所以常常洗澡

（洗澡是熱帶人民的良好習慣）的人，是不容易生病的”。

這時的總督還有這樣的話：“沼澤地方的沙灘，也是我們所應該改革的；因爲在那裏的叢林中，藏着很多的毒氣”。他想把這些沼澤填平，上面種起修長的椰林。他以爲從荒原到海邊的一帶，若能闢一河道，就可以變成良好的稻田。他更以爲若是有工人當闢河而遭病死的，那末這河可以不必闢了。他又以爲人民所住的屋子，可以把地板裝高些。

甘峯氏又立下利用城中溝道的條例。他想有些河道，可以用沙泥填平；還有些河道，必須重新開闢；將河底掘深，直通大河 (Kali Besar)，因之可以暢流入海。

巴拉斐西尼 (J. A. Paravicini) 來東印度任病疫視察員，據漢安氏 (Dr. De Haan) 重要的報告書中所載，他說：“城市中的人民的健康，全賴維持城市中的清潔。吧城中的清潔還沒有辦好，我們一跑到外面散步，就可以覺得隨地令人厭惡。街道上到處堆着垃圾，魚市上充滿着腐魚的臭味。這樣的情形，實在不像是一個最講究清潔的歐洲國家所統治下的一個地方。……現在政府已有命令，叫一般人民將污穢的東西倒入垃圾箱中，再由垃圾箱中移到遠處拋棄，以免惡氣薰蒸……”。

20 年後，當 1779 年吧城皇家學會所舉行第五屆徵文時，其中有這樣的一道題目：

吧城最普通的病，特別是傳染病和發疹傷寒，其病原因是什麽？其救治方法爲何？

步兵軍官杜哥(J. A.Duurkoop)的應徵文，——載入吧城皇家學會會報第二部(*Transactions of the Batavia Society*)曾云：改良水管，排淸沼澤，是吧城衞生上的緊要事務。空氣中的傳染菌和屋中的不潔，也是應該注意的。汚穢的習慣，乃是市民怠惰的結果。市民習慣的改良，要賴我們長官們的合理的勸導。……沒有樓的屋子，至少要裝離地兩呎高的地板。地板至天花板要隔十五呎。此外還要裝可以開閉的木窗；窗的上半部，要裝上竹條編織的簾子，以便流通空氣，且防疾病。牆下要開一呎大的窗戶，以便點燈時所放出的碳氣或不純淨的惡臭，從此流出"。此外他又對於飲水，公墓地、工業上的石灰窰灶，鞣皮場以及馬廐和豬棚……等等問題，通通談到。關於醫院方面，他主張獎勵善於照料病人的醫生。他的主張，約略如下：

1、 病人所用的飲食、藥品，均由東印度公司供給，醫生不得索取分文。

2、 將病人平均分給四個醫生調治，其中所醫病人，結果死亡最少者，則此醫生可得一月之休假。

四個醫生之中，所醫病人死亡最少者，得升爲醫師長，以示優獎。

3、 四個醫生中之任何一個醫生，其所管轄之病房中，若有死者過多，則其餘三個醫生必須共同檢查之，並報告上峯，以便懲罰，並須設法防避傳染。院中僕人，若能發見致病之緣因者，亦加優獎。

梭文 (Swaving) 在他的東印度公司統治下吧城衛生史(註一) 中，大罵創用"這個辦法的人爲外行(不懂醫院事體)，而且侮辱 1780 年吧城所有的醫師的人格"。

(註一) Swaving: Batavia's Sanitary History, under the Administration of the East Indian Company 載於 *Ned Tijdschrift v. Geneesk.* 1874.

第十四章

十七世紀的吧城醫院

1642 年當低蠻氏 (A. Van Dienman) 做東印度總督時,曾於 3 月 12 日頒布東印度公司醫院法規,其中第二十八條云:

"院中每日早晚必須舉行祈禱,缺席人員,不論何人,罰打屁股二十五竹板,或按禮拜缺席規程施以別種同等之處罰"。

由是我們知道東印度在 1642 年以前就設立了公衆的醫院,不過這種醫院待遇病人太刻薄罷了!

有一位名叫海丹(Johann Wolffgang Heidt)的德國人,1734 年來東印度當兵,繼充東印度公司的營造師。他在 1744 年出版一部非洲和東印度最近地理和地形的實況(註一) 其中記述吧城醫院的診病實況如下:

"早晨約七點半鐘醫生就來了，隨從的人有一兩個男助手和幾個拿着石板和石筆的土人。醫生走進病房，一切病人必須脫帽直立等候，只有病重不能起立才可以坐着。醫生略略看過，以後就把病人靠牆排成一隊，約有八十多人，然後逐一切脈問話，同時每人再把舌頭伸出讓他瞧瞧。一房一房的病人看過了，他就在石板上開藥方子，全是按着號數的。這時有許多病房，每房都是依病分類，第一個病房裏是頭痛腦熱的輕症，第二房裏是跌打瘡傷，第三是紅白痢疾，第四是花柳病家。每所病房門前都標出病名，患者爲自己決定所在地點了。大家呼醫生爲 Oppermeester，他大約每次要費一點多鐘纔可以把病人看完。若到雨季，病人能增到一千或千五百名。

"一個石板寫滿了，就送給藥劑師配藥，那裏放着許多鉛茶杯和錊茶杯，用爲病人盛藥。每個杯上都刻着號數，要和病人號數相同，以免混淆。

"藥劑師配好藥後，幾個專管送藥的土人就端着送到病房,一次三四杯。到了病人面前,他叫起一種半通不通的荷蘭話,讓他們對號數。若是自己的藥杯到了,要說一句‘美’(me＝我),才遞給他。但有時會弄錯了。在分藥和吃藥的時候,另有一位管理員監督分藥和吃藥的人,有時因為病人太弱或是藥的滋味太臭,他們不是不能吃或是不要吃。這時若被管理員看見了,他就揚鞭痛打,毫不留情,非至病人把藥水完全咽下不止。醫生把內科的病看過,就到外科病院,有時那裏也有專門開刀的醫生。若是一個有心的人在此診病,他可以發現很多有興趣的病症;這個人斷了腿,那個人斷了膀子,爛鼻少脚的更多;至於害楊梅瘡的,症候極其明顯。縛紮紗布和繃帶的有三四個歐洲人和一大羣土人負責,他們作工時歪臉扭嘴,怪像百出,眞使人望之生怒。醫生在用手術之前,並不像現在先問明病人的經過和意見,他只是取刀就割,舉起烙鐵就灼——眞和閻羅王對待小鬼一般!若是病人痛得不能再忍耐了,醫生就批幾個巴掌,再叫幾個土人來按頭抱腳，不許他動顫，及至手術完畢方止。因爲當時醫生的意見，他覺得不問方法適宜與否，總要手術做完才好。

“住院的病人每早每晚由護士們(Ziekenrooster)領導祈禱。在星期日要作禮拜。一切病人均須到場，病重而走不動的，要爬到禮拜堂裏；不然管理員就拿着一根長鞭來趕他們，甚至有人被打的”。

東印度公司的工人多是從別處僱來吧城的，因爲公司的醫院和醫生太差池，所以工人患病，每難治愈。思美齡氏（Semmelink）所著的1817年前東印度霍亂病史(註二)一書，對於東印度公司工人每年患霍亂的死亡率敍述極詳。有時在吧城死亡的工人佔新到工人之 28.9 %，其死在吧城醫院(Bennenhospital）者，佔新到工人 27 %，只是一種病已死去約百分之七十，若將患瘧疾、傷寒和痢疾等病者合計之，其數必大得驚人。茲鈔自 1714 年至 1744 年間東印度公司工人霍亂病死亡率如下：

年代	到吧城新工人總數	死在吧城的工人總數				
		總數	佔新工人之百分率	死在吧城醫院內者		
				總數	每年死亡人數	佔新工人之百分率
1714——1719	23816	2814	11.8	2466	493	10.4%
1719——1724	30205	3745	12.4	3411	786	11.3%
1714——1729	25092	4285	17.1	3930	786	15.7%
1729——1734	23574	4371	18.5	3974	795	16.9%
1734——1739	20569	8851	28.9	8286	1659	27.1%
1739——1744	28628	6106	25.8	5562	1112	23.5%

這些醫生可算一種魔王，這種醫院無異一所地獄；怨聲載道，寃鬼遍野，病人的遭遇，這時最足痛心了。然而竟有人能從哀號的聲中，聽出樂歌的音節，在死屍堆裏，發現上帝的慈憫，豈非怪事！且看下邊著名詩人馬蕊 (Tan De Marre) 謳歌當時吧城醫院的光彩道：（註三）

榮哉此醫院！　濟彼蒼羣遍；
芸生衆生魂，　上帝歧所延。
我民涉遠洋，　多爲浪摧殘；
寄居陸地上，　辛苦多病顏；

時乏周濟者，　　命為死神彙；
唯此建築物，　　慈惠齊於天。
公司所在地，　　守護至周全；
宛如一慈母，　　愛撫其孩提。
爾輩國家僕，　　照拂自款款。
法京凱旋門，　　那有此尊嚴？
驅卒赴疆場，　　自被刀槍戕；
頻頻為治療　　世惟醫者賢。
英倫宮闕中，　　孰能勝於前!?
若際亂離世，　　老亡更炎炎。
此中款待周，　　舟子可留連，
老弱殘疾者，　　送回阿特丹(Amsterdam)，
榮者此醫院!　　勝過珍珠串。
肆言人道者，　　最好入醫院。(註四)

我們讀過了這一套，只覺得尼采（Nietzsche）的意見最對，他說"詩人最會欺騙"!

(註一) J. W. Heidt: *Allerneuster Geographisch und Topograpischer Schauplatz von Africa und Oost Indien*, 1744

(註二) Semmelink: *History of cholera in East-India Before 1817*

p. 389.

(註三) *Batavia* (全書共六大册), vol. II. p. 97.

(註四) 詩句的翻譯,是我的胞弟鏞封的手筆。

跋

一地方有一地方之特殊風土病，而熱帶則此種特殊病爲尤多。南洋位於熱帶，故其處疾病往往與我國內地不同。曩時，我國醫學尙未進步，素不講求衞生，而尤以中下社會爲甚。以前往南洋者，多爲中下社會，往南洋後，常從事勞動工作，起居飮食，在在不合衞生，而山嵐瘴氣，水土不服，又伺隙相侵，故病者特多。及至有病，又或限於金錢及其他拘束，不能悉心從事療養。即使就醫，亦多係拘泥古法而尙未進步之醫生，對於南洋之特殊風土病未曾從事新科學的研究者。因之大之每至貽誤生命，喪身異域；小之亦至沉疴糾纏，遷延時日，以致貽誤工作，損傷元氣，或竟不能不遄返國內，轉地療養。要之皆於僑胞損害甚大也。夫僑胞往南洋，在個人本所以謀生計，圖工作；在國家則藉以發展國勢，調劑人口，舒裕經濟。若任其因疾病損害如此，殊爲可憾。吾友黃君素封昔旅南洋，長校荷屬爪哇直葛中華學校有年，於執教鞭之餘暇，獨能留意及此。因將其平日考察所得，參酌東西名著編成南洋熱帶醫藥史話。其書內容，對於南洋所有重要特殊地方風土病之歷史，均列舉無遺，並將南洋土人治病之藥草等均一一搜羅說明。其所書各節，皆爲我國從未有人介紹過者，實爲南洋文化史料上之要籍。書成，予得先讀底稿，慰快靡既，蓋予久旅南島，夙抱此感，曾屢欲編輯此類書籍而未得其便。玆喜是書之出版而實獲我心也，故樂爲之跋。

中華民國二十四年十一月十二日劉士木於首都。

中華民國二十五年一月初版

(64344)

二二二上 大

南洋熱帶醫藥史話一册

每册定價國幣陸角

外埠酌加運費匯費

著作者 黃素封

發行人 王雲五 上海河南路

印刷所 商務印書館 上海河南路

發行所 商務印書館 上海及各埠

(本書校對者張叔介)